岸本 肇 著

体育の教育力

学校と地域で
子どもを
たくましく育てる
教育論

大学教育出版

はじめに

　私は、学校の教育に体育は不可欠であり、教科としての体育は子どものからだと心の発達に貢献する目標を第一義とすべきであると考えている。日本の子どもをたくましく育てるためには、学校と地域における体育の教育力が結びつかなくてはならない。そして生涯にわたり、健康・体力を保持し、ゆたかな生活を送る糧として、スポーツを実践できる人がひとりでも多くなるようにしたいと思う。そのあたり前のことを、私が考えるとどうなるのか、古くて新しい気持ちでこの本を書いてみた。

　書名は『体育論』でも『体育教育論』でもよいのだが、教科の体育の目標・実践に関する内容以外に、子どものスポーツ、〈からだと心〉の問題、〈発達と教育〉に関する内容も包含した教育論であるので『体育の教育力』とした。"教育力"という用語は、〈学校の教育力〉とか〈地域の教育力〉というように使用され、通常、教科の教育機能については教育力といわないように思うが、上述したごとくの、学校と地域を包含する総合的な体育に関する教育論の趣旨から、本書ではあえて"教育力"を使ったのである。

　一昔前と異なり、現在、体育科教育の研究は大変活発である。思弁的な体育論は姿を消し、授業過程、教師と子どもの間の相互作用、子どもが獲得する認識に関する研究論文が増えている。体育の新しい教材開発、授業づくり、指導方法に関する書物も増えているように見受けられる。体育科教育の研究が、教科教育学として質量ともに向上するのはよいことである。

　しかしこのあたりで、一度、自己点検をしてみてはどうだろうか。目先ばかりにとらわれず、子どものからだの現実を直視し、発達環境も視野に入れた体育を私は考えたい。この本には、小学校教師や体育教師、保育士、教師をめざす

学生、あるいは父母が、学校体育のあり方、体育の内容選択や教材研究、体育の指導方法などで疑問が生じたとき、また子どもの生活や健康、子どものスポーツで問題を感じたとき、その解決や悩みの糸口を見いだす手助けになるようにという気持ちが込められている。体育科教育の研究者には、私が論じる素朴な体育教育論に、是非とも意味づけをしていただきたく思う。

私は、ここしばらく、日常的に授業でしゃべっている体育科教育について正面からとらえた論文をあまり書いていない。そうこうしているうちに、神戸大学の定年が近くなってきた。だんだんと自分の体育科教育に関する何らかのまとめをしなくてはと、強迫観念に似た気持ちをもつようになっていた。そういう経過をたどってでき上がったのがこの本であり、これがよくも悪くも、私の体育教育論のまとめである。

体育学の研究者としては器用なタイプなのかと、われながら思う。あるいは、不器用だからいろいろ手を出したのかもしれない。一応、子どものからだづくり、体育の授業、子どものスポーツ、および体育に関連する学校内外の教育問題について研究してきたつもりである。私の体育科教育に関する論文の中には、他に、今回ここに掲載できなかった統計的研究もある。それ以外にも統計を用いた研究には、もともとそういう方面から出発したから、子どもの身体発育、体力・運動能力の発達、生活・遊び、地域スポーツに関してかなりある。ドイツのサッカー指導書を翻訳したこともある。阪神・淡路大震災については、体育・スポーツに関する記録を残すべく、折々に小さな報告をしてきた。それらすべてが同じ文脈上にあるわけではないが、この本とは別に、なんらかの形でまとめたいと目論んでいる。

本書は基本的には、一度、公にした自分の論文から選び出したものの再構成である。一般誌論文からが多いが、学術誌論文や読み物風のものからもある。しかし文体的には、なるべく全体を統一したつもりである。それらのオリジナルは、巻末の「初出一覧」で紹介してある。一覧にしてみると、古い論文が多いことに驚く。そのことは、私の体育教育観が形成された時期と関係がある。内

容的な重複も多い。例えば、ドイツの体育や佐々木賢太郎の実践の引用が多い。そのような場合、文意を損なわないように配慮しながら、該当箇所をなるべく整理した。それでも重複はあるが、そこはご容赦願いたい。統計資料、出来事、スポーツ実践などで時代に合わなくなっている事例については、資料を新しくし、文章の表現や組立てを変えるようにした。文献については、「初出一覧」に示した原典でその引用頁などの詳細がわかる場合、文章が途切れて読みにくくならないように、本文中では簡略な記載とした。あるいは、章節の末尾に参考文献としてまとめて掲載するかにした。

　この本を読めば理解していただけると思うが、私は、体育という教科の任務や目標を、1つだけに限定することはできないと考えている。だからといって、形だけ体育の授業になれば、子どもは何かを学び取っているから、それでよいとする授業観には賛成できない。私が考えるからだづくりの体育は、そもそも子どもの自らの身体に対する認識を高め、健康・体力の自立能力を形成する〈からだと心〉の教育である。体育に導入される体力づくりの運動やスポーツ教材とは、そういうものであると思う。そのために、運動する爽快さ、スポーツそれ自体が内在する文化的な価値、グループにおける協力や共同・規範づくり、スポーツマンシップ、健康と体力をつくる理論・方法を、子どもが体育で学ぶのである。

　この本が、広い読者層に対して、改めて「体育とは何か」「体育で何をなすべきか」「子どもにとってスポーツとは」を考えたくなったときの参考になれば、筆者として、それに過ぎる喜びはない。本書の目的と内容に共感し、出版を引き受けていただいた大学教育出版の代表取締役佐藤守氏のご厚意に感謝する次第である。

2006年8月

岸本　肇

第2刷の発行に際して

　今回、第1刷の「Ⅲ3.」を新しい内容に差し替え、「Ⅳ4.」を加筆した。子どもの教育としての運動部や地域スポーツのあり方について、さらに幅広い読者層に考えていただきたいということと、体育教育の本ではあるけれども、視野を広くアンテナを高くして、子どもの心身の発達論を展開したいという筆者の意図からである。
　他に第1刷から大きな内容の改変はない。明らかな誤字・誤植を修正し、学習指導要領改訂に伴う内容の微調整をした程度である。
　この第2刷が、第1刷にもまして、人々に読まれるように願うものである。

2008年8月

著　者

体 育 の 教 育 力
―― 学校と地域で子どもをたくましく育てる教育論 ――

目　次

はじめに …………………………………………………………………………… 1
第2刷の発行に際して …………………………………………………………… 4

I 体育の任務と身体 …………………………………………………………… 11

1. 体育における主要目標 ——学び、教えた学習指導要領の変遷から ……… 11

2. 身体的能力の発達と人間形成 ………………………………………………… 15
 (1) 人格の発達と身体 ——「教育、身体、体育」のかかわり 15
 (2) 身体的基礎能力の発達と人間形成 17
 (3) 身体の自治能力を育てる人間形成 19

3. 身体認識で結びつく体育と保健 ——〈保健体育〉の教科指導の任務 ……… 20
 (1) 体育・保健の独自性と連帯性 20
 (2) 体育では身体をどう教えるのか 21
 (3) 体育と保健でからだづくりの主体形成 23

II 体育の教材・授業づくりとからだづくり ………………………………… 25

1. からだづくりの視点から教材づくり ………………………………………… 25
 (1) スポーツ愛好者の身体要求 25
 (2) 身体とスポーツを統一する教材観 27
 (3) 体力・運動能力の到達目標 28

2. 運動と身体の科学を教える授業づくり ……………………………………… 31
 (1) 運動のしかたを教えない体育の問題 31
 (2) 運動の理解を身体の科学的理解に 33
 (3) 体育文化の学習を身体の学習と統一 35

3. 全員が参加できる一体感のある授業づくり ………………………………… 36
 (1) 体育と差別 36
 (2) 「マラソン」と「短距離走」 37
 (3) 変形ソフトボール 39
 (4) 一人ひとりを見る 40

(5) 型にこだわらないサッカー　42
　　　(6) 実践研究姿勢への提言　44
　4．身体認識を深める体育実践 ——佐々木賢太郎の「書かせる」体育 …………… 46
　　　(1) 日本にしかない体育の認識教育　46
　　　(2) 多面的な佐々木実践　47
　　　(3) 生命を大切にする教育 ——環境変革を展望するからだづくり　49
　5．体育と体力づくり ——ドイツの健康教育からの示唆 ……………………………… 50
　　　(1) ドイツの「体育」における健康・体力の位置づけ　50
　　　(2) 健康教育としての体力づくり　51
　　　(3) 最近のドイツにおける体力づくり　53
　　　(4) ドイツの子どものスポーツ意識　53
　　　(5) スポーツと健康をめぐる理論・実践問題　55

Ⅲ　学校教育としての運動部を考える ……………………………………………………… 58
　1．運動部と地域の「子どもスポーツ」の体質 ……………………………………………… 58
　　　(1) "過熱"する運動部活動　58
　　　(2) 「子どもスポーツ」が抱える問題　60
　　　(3) 運動部と「子どもスポーツ」発展のために　62
　2．PTA活動をとおして見た運動部活動 ………………………………………………… 63
　　　(1) 子どもの部活動に対する期待と不安　63
　　　(2) 親の部活動に関する意見分布　64
　　　(3) 教師の部活動に関する考え　66
　　　(4) "教育の論理"で部活づくり　67
　3．運動部活動と「子どもスポーツ」の功罪 ………………………………………………… 68
　　　(1) 運動部小史と運動部研究の動向　68
　　　(2) スポーツの教育機能の二律背反性　70
　　　(3) スポーツ組織と指導者の問題　71
　　　(4) 健全な「子どもスポーツ」発展のために　71
　　　(5) 運動部の現状から国民スポーツの発展を考える　72

Ⅳ 遊び・スポーツとからだづくりの地域環境づくり ……… 74
1. 「昔の子ども」のイメージで子どもを育てる ……… 74
  (1) 遊び不足は"人間離れ"をもたらす　74
  (2) 昔の子どもの生活と遊び　75
  (3) 遊びに代わるスポーツの創造　77
2. 小学生の地域スポーツ ……… 78
  (1) 活動の現状　78
  (2) 小学生の地域スポーツにも問題が多い　80
  (3) 小学生のスポーツ活動のガイドライン　81
3. スポーツ・ボランティアの活躍
　　──震災の被災地における子どものサッカー教室 ……… 82
4. 遊び・スポーツ環境の変革を提言できる子どもに
　　──関東大地震当時の子どもの意見表明 ……… 84
5. 学校と地域を結ぶからだづくりの実践 ……… 86

Ⅴ 子どもの〈からだと心〉と教育の課題 ……… 89
1. 社会的存在としての子どものからだ──今日を予見した1970年代の分析 ……… 89
  (1) 1970年代は教育学に"からだ"が位置づく時代　89
  (2) 発育権・発達権の侵害　90
  (3) 子どものからだの現状　91
  (4) からだづくりの教育研究運動の前進を　97
2. 新しい心身の異常の出現──震災後遺症 ……… 98
3. 保健室から子どもの〈からだと心〉を見る
　　──養護教諭の教育活動と体育のかかわり ……… 99
  (1) 〈からだと心〉をリアルに把握する保健室　99
  (2) 保健室来室者の動態傾向　100
  (3) 保健室来室理由　101
  (4) 保健室における相談活動　103
  (5) 「保健室登校」　105
  (6) 体育教諭と養護教諭の連携　107

4. 格差社会と子どもの健康 …………………………………………… *108*
　(1) 発育と格差　*108*
　(2) 格差社会でゆがめられる意欲　*109*
　(3) 足立区の子どもの発育と健康　*110*
　(4) 子どもの健康の立場から格差社会を監視　*112*

Ⅵ　体育教育から〈発達と教育〉の立場へ ……………………………… *113*
1. 差別のない教育 ——障害児とのふれあいから ……………………… *113*
　(1) 障害児の生活と体型・運動 ——健常児も障害児化　*113*
　(2) 体育と生命、平等　*114*
2. スポーツ権の確立と学校の体育 ——震災からの教訓 …………… *115*
　(1) スポーツ施設の復旧は後まわし　*115*
　(2) 意外に早いスポーツ再開　*116*
　(3) 国民のスポーツ権確立のために　*117*
　(4) 被災地における体育授業・運動部活動の教訓　*118*
3. 地域に根ざす平和教育 ………………………………………………… *119*
　(1) 体育教師論　*119*
　(2) 武士の倫理観と「スポーツマンシップ」「フェアプレイ」　*120*
　(3) 体育と保健の素材　*122*
　(4) 子育て・教育論　*123*
　(5) 戦災・震災と平和　*126*
　(6) 地域から発掘する平和教育素材　*127*
4. 国際交流教育の展望
　　——第一次世界大戦中の青野原俘虜収容所(兵庫県)ドイツ兵捕虜の
　　　　　　　　　　　　　　　　　　　　　　スポーツ活動 …… *129*
　(1) 強制労働のない生活と文化・スポーツ　*129*
　(2) スポーツ活動の展開　*130*
　(3) スポーツの地域交流・学校交流　*131*
　(4) 地域に根ざす国際交流教育　*134*

初出一覧 ……………………………………………………………… 135

あとがき ……………………………………………………………… 137

I 体育の任務と身体

1. 体育における主要目標 ——学び、教えた学習指導要領の変遷から

　私は、学生時代に教員養成大学の学生として、体育の学習指導要領について学んでいる。神戸大学教育学部に勤めてからは、逆にそれを教える立場になった。表 I-1 を参照いただきたい。

　1962（昭和37）～66（同41）年が、大学に在学した期間である。そのときの学習指導要領（1958〈昭和33〉・60〈同35〉年改訂）は、戦後の「新教育」における児童中心主義、経験主義が見直され、体育では「6・3制、野球ばかりがうまくなり」が反省された時期にあたる。体育の目標に、小学校でも「基礎的な運動能力、活動力」「運動のしかたや技能」「社会生活に必要な態度」「健康な生活を営む態度や能力」を獲得させることが明記された特徴がある。その前の戦後教育の再生期における体育は、教育の一領域としての「身体活動をとおしての教育」であった。軍国主義奉仕の体力づくりを一掃した代わりに、遊戯・スポーツ教材を重視し、小集団学習を多用する社会性育成を主たる目標とする体育であった。上述した私の大学時代は、すでにその時期は経過していたはずであるが、そのように学んだ記憶がある。1958（昭和33）年に学習指導要領が改訂され

た際、体育の目標ではそれまでより"運動"が強調されているが、1960年代前半頃はまだ、体育を「身体活動をとおしての教育」とする教科観が一般的だったからではないだろうか。

　1964(昭和39)年、戦後の日本を一区切りする大イベントがあった。東京オリンピックである。わが国の経済力は世界に誇示されたが、競技陣の成績はいま1つであり、ひ弱な日本人が印象づけられた。産業界では近代労働に耐えない青少年の体力不足が指摘されるようになった時期でもある。学校の体育に対して上からの〈体力つくり〉の期待が大きくなり、教育界もそれに同調する。1968(昭和43)・69(同44)・70(同45)年に改訂された学習指導要領で、体育の主たる目標は「健康の増進と体力の向上を図る」とされる。体力づくりの体育が、絶頂期を迎えたのである。しかしやがて、教育現場において体力づくりに熱心のあまり、体育ぎらいを生み出す問題が顕在化する。1977(昭和52)・78(同53)年改訂の学習指導要領には、それまでの健康・体力目標に、「楽しく明るい生活を営む態度を育てる」が加わり、学年目標には「体力の向上」と「運動の楽しさ」が並列される。1989(平成元)年改訂の学習指導要領でも、体力と楽しさの目標は並列されているが、小学校高学年・中学校では「楽しさ」だけでなく「楽しさや喜び」となる。そして、同年発行された文部省（現・文部科学省）の小学校指導書・体育編と中学校指導書・保健体育編には、「生涯体育・スポーツ」という謳い文句が登場する。

　そして1998(平成10)・99(同11)年改訂の学習指導要領に至る。謳い文句は、「スポーツライフ」（文部省〈現・文部科学省〉：小学校学習指導要領解説・体育編、中学校学習指導要領解説・保健体育編、1999年）に変化したが、やはり体育の目標は、従来型の体力づくりと楽しさの二枚看板である。ただし大きな特徴は、総括的な目標の冒頭に「心と体を一体としてとらえ」が付加されたことである。体育にも、深刻化する子どもの「心の問題」に対する備えが求められる時代となったのである。その学習指導要領も2008(平成20)年3月に改訂された。学力低下問題が、体力低下問題と符合し、体育の授業時間数の増加をも

表 I-1 学習指導要領等の変遷

西暦年	年号年	学習指導要領等
1945	昭和20	
46	21	
47	22	学校体育指導要綱
48	23	
49	24	学習指導要領小学校体育編（試案）、中学校保健計画実施要領（試案）
50	25	小学校保健計画実施要領（試案）
51	26	中学校・高等学校学習指導要領保健体育科編（試案）
52	27	
53	28	小学校学習指導要領体育科編（試案）
54	29	
55	30	
56	31	高等学校学習指導要領保健体育科編
57	32	
58	33	小学校学習指導要領、中学校学習指導要領
59	34	
60	35	高等学校学習指導要領
61	36	
62	37	
63	38	
64	39	
65	40	
66	41	
67	42	
68	43	小学校学習指導要領
69	44	中学校学習指導要領
70	45	高等学校学習指導要領
71	46	
72	47	
73	48	
74	49	
75	50	
76	51	
77	52	小学校学習指導要領、中学校学習指導要領
78	53	高等学校学習指導要領
79	54	
80	55	
81	56	
82	57	
83	58	
84	59	
85	60	
86	61	
87	62	

88	63	
89	64	
	平成元	小学校学習指導要領、中学校学習指導要領、高等学校学習指導要領
90	2	
91	3	
92	4	
93	5	
94	6	
95	7	
96	8	
97	9	
98	10	小学校学習指導要領、中学校学習指導要領
99	11	高等学校学習指導要領
2000	12	
01	13	
02	14	
03	15	
04	16	
05	17	
06	18	
07	19	
08	20	小学校学習指導要領、中学校学習指導要領

注）中・高等学校における「保健体育」科の出発は、下のとおりである。
・中学校「学校教育局長通達」（1949.5.25）　　・高等学校「初等中等教育局長通達」（1949.6.25）

たらした。その一方、子どもが学習すべき内容は、これまでより明確にされた。従前の目標を引き継ぐ形で、生涯にわたり健康で豊かなレクリエーションのある生活を送れる人間の育成を意図した体育に見える。

　私が神戸大学で体育科教育法の講義をはじめた頃は、まだ体力づくりが盛んな時期だった。教育現場の体力づくりが、子どものからだづくりと運動の意欲を形成しているのだろうかと、授業でよく問いかけていた。その疑問に対する学習指導要領の答えは、「運動の楽しさ」目標の参入であった。そして1977（昭和52）年以後、体育は、前述したように、体力と楽しさの2つの主要目標である。

　以上のように戦後日本の体育の主要目標は、基本的には、社会性、「運動」、体力、それから「体力と運動の楽しさ」の並列で推移してきた。楽しさの強調度をどう受け止めるかにより、楽しさ目標が出てきてからを運動の文化的価値を主要にした学習指導要領と理解する向きもある。それらのどれか1つだけが、

体育の目標というのではなく、どれも体育の目標および学習されるべき内容にふさわしいと、私は思う。ただ私は、体育という教科を学校教育に存在させるのであれば、その独自的任務を人格発達との関係から導出されるのが筋だと考えるだけである。

いま日本の子どもの発達上の問題には、学力低下、体力低下、心のゆがみ、問題行動など、多々ある。はたして、「楽しさ」は人格の発達とどういう関係になる教育目標なのだろうか。子どもの全面発達、心身の調和のとれた発達をめざす教育には、その全体構造に位置づく身体形成の目標設定がなくてはならない。人格の構成部分としての身体、全面発達の不可欠の要素である身体発達の位置づけを、「楽しい体育」で説明できる教育学があるのだろうか。

2. 身体的能力の発達と人間形成

(1) 人格の発達と身体 ── 「教育、身体、体育」のかかわり

「健全な精神は健全な身体に宿る」といわれる。この言葉のもともとの意味は、ローマ時代に、ユベナーリスという詩人が、政治的にも文化的にも退廃しきった当時の世相を風刺して、どんな願いもかなえられそうにないから、せめて人並みの身体と精神とでも欲しておこうといったところにあるらしい（水野忠文『体育思想史序説』世界書院、1967年）。しかし、ロックが『教育に関する考察』（岩波書店、1963年）の「第1章 健康について」の冒頭でのべ、現在ふつうに使われているその言葉は、明らかに人間形成の基礎に身体があるという意味であるし、教育の目的としての身体的理想像を示しているようでもある。

通常、人間ははたらき、その対価を得、それを生活の糧として生きていく。公教育制度が確立している日本のような国では、原則としてはたらくのは学校後となる。学校は、子どもが将来どんな仕事にでもつけるような能力を身につけさせるところである。全面発達という教育の目標は、そのことと連動している。

勝田は、「労働の能力」を中核とする人間の能力の全体構造を図I-1のように

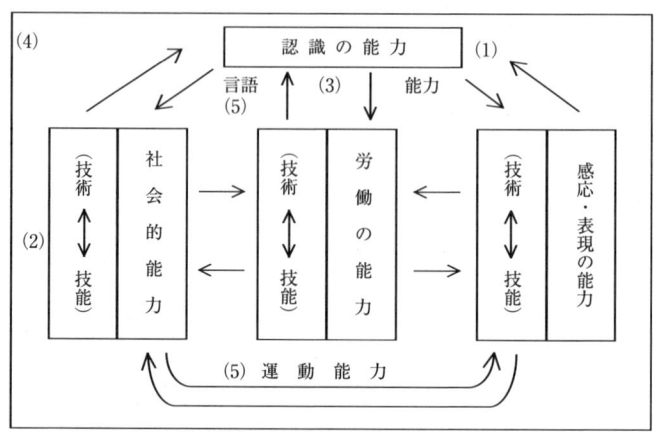

注) 1 認識の能力は他の3つに対して特殊な位置に立つことを示したつもりである。
　　2 社会的能力を技術・技能とするのは多分に比喩的である。それでカッコに入れた。
　　3 矢印は相互に影響しあい浸透しあっていることを示す。
　　4 実線の囲みは、全体が体制化していることを示す。
　　5 言語能力・運動能力は全体制を支える。

図Ⅰ-1　人間の能力の全体構造
（勝田守一『能力の発達と学習』国土社、1964年、p.50）

示した。そこでは、言語能力と運動能力は、全体制を支えるとされている。その運動能力といわれている概念は、当然、身体の資質から発している。したがって、勝田によると、身体は言語とともに人間的諸能力すべての土台ということになる。労働という人間的いとなみを介して、教育と身体は結びつく。そしてその身体の発達について、身体を使って教える教科が体育である。自分がうまく描けないので、勝田の作図を引用したが、体育の主要目標をからだづくりと考える理由は、そのような「教育、身体、体育」の三者を結ぶ単純な論理からである。

　以上と関連して、ここで少し学力について考えてみたい。この数年、OECD（経済協力開発機構）による国際学力調査PISA（Programme for International Student Assesment、2000年）で学力世界一になったフィンランドとわが国の教育のちがいがくらべられ、各方面に波紋を投げかけている。ドイツではその議

論が体育界にまで波及し、フィンランドの子どもとの体力・運動能力の比較研究が現れている（Naul,R., PISA-Schock auch im Schulsport?, "Sportunterricht" 52(2), 2003）。わが国の体育の世界では"PISA"にほとんど関心がないようであるが、「体育の学力」に関する問いかけは、かなり以前からある。「学力」の定義に関して、勝田は、大要次のような見解を示している（『教育と認識』国土社、1968年、149〜160頁）。

　わが国では「学力」は、伝統的に、文字言語と抽象的記号を操作する算数・数学を中心として考えられてきており、戦前には英・数・国・漢が主要教科とされ、それらが高・専入試で想定される「実力」の土台をなす「学力」の内容であった。地・歴・理科も重視されたが、入試のためには暗記で間にあう程度にしか考えられていなかった。そういうとらえ方は偏っているけれども、さりとて、音楽や図工の成績を「学力」とみなしたり、体育の技能を「学力」でかぞえたりするのは概念上の混乱をさけがたいものにする。まして指導性、協調性、寛容などの社会的能力は、「学力」と考えるべきではない。「学力」というのは、学校概念であり、教科に限定して使用されるべきである。

　そして「……かりに（学力の）定義が完璧であったとしても、そのような形式的な規定では、生きた子どもたち、つまり人間の発達やそれを方向づけ促進する教育の営みにとっては、あまり意味がない」「私は『学力』を測定可能にするには知的・合理技術的な教科内容に限ってとらえようとしたが、それだけが、人間の発達にとって重要だと言ったわけではない」とまで、勝田は言い切っている。

　全面発達をめざす教育の全体構造に身体発達を位置づけ、主要には体育という教科にその課題を担わせようとする立場からすれば、「体育の学力」の定義に汲々とすることは、日本の子どものからだと心をゆたかに発達させようとする教育のいとなみに、実践として結びつかない思弁性をはらんでいると思われる。

(2) 身体的基礎能力の発達と人間形成

　労働をすることが人間的存在の証しであり人間らしい諸能力を全面的に発達さ

せる課題とは、労働能力を高める教育的いとなみであると考えると、人格の発達には、精神的諸能力はもとより身体的諸能力の発達も大きくかかわってくる。そこで、身体的基礎能力の1つである運動能力を子どもたちにつけていくことが、人間形成とどうかかわるのか、考えてみたい。

運動能力とともに「体力・運動能力」などとまとめられたりする概念に体力がある。この区別は体育学的にも必ずしも明確ではないが、とりあえず、体力を身体的資質、運動能力をその資質によって発現される身体的能力とする一般的見解によっておきたい。

走・跳・投の基礎的運動能力も、もちろん体力すなわち身体の内的資質から表出する身体的能力である。したがって、基礎的運動能力を含めスポーツをするための運動諸能力を高める身体へのはたらきかけは、そのもとにある体力への有効なはたらきかけでもある。

体育の内容とされている体操・スポーツ・ダンスや遊戯などの身体運動は、人間の運動一般から、身体の全面発達をはかり、その文化的価値が次代を担う子どもにふさわしいという観点から準備された体育文化である。

体育文化を教材化して教える体育、つまり体操・スポーツ・ダンスなどの文化的価値を内在化させ、それらを包含した人間らしい運動の能力をつけていく体育は、同時にその根底にある身体的資質を発達させているのである。できないことはできるように、できることは美しくあるいは力動的に、対人的運動・集団的運動では、対人・対物的な身体操作を学ばせたいとする体育授業の課題は、その運動・スポーツをする力を文化的に陶冶しているとともに、体力の発達をはかっていることにもなる。

運動・スポーツの能力を一定レベル以上にする体育が、人間らしい文化を味わう能力を身につけていく教育であり、そうすることが人間的存在の基盤である生きた身体に内的にはたらきかけるような体育実践でありたいと考える。運動・スポーツをたんなる体験や楽しさの対象に終わらせず、人間らしく生きていく体力と運動能力とを発達させ、そのことをわからせ認識させていくところに、体育

が教育全体から要請された独自的な人間形成的役割がある。したがって、体育における身体認識は、心の内面では生きる力にはたらきかける精神的認識でもあるといえよう。

　身体的基礎能力として子どもたちに健康管理のできる力をつけたいとする場合も、保健・衛生的習慣形成の実践的体験を身体認識にまで高めなければ、たんなる"しつけ"をしているに過ぎない。

　人格発達の基礎としての身体的土台を発達させ、身体のみならず心の内面にはたらきかけ、みずからの身体と生活変革の実践能力を培う教育実践のあり方が、とくに体育と保健には求められていると思う。

(3) 身体の自治能力を育てる人間形成

　身体の自治能力を育てる教育要求が、今日ほど高まっていることは、かつてなかったのではないだろうか。

　なんといっても、日本の子どもの身体発達上のゆがみと心の問題は深刻である。「健康の増進と体力の向上を図る」が強調された1968（昭和43）・69（同44）・70（同45）年改訂の学習指導要領当時より、事態はよけいに深刻というべきであろう。教育の現場には、押しつけ的な体力づくりでは、身体の自治能力を育てることはできないという認識が広まっている。学校教育、中でも体育と保健における身体的陶冶の意味が、いまほど実践的に検証されるべき時期はないように思われる。

　身体面への教育は、従来の教育ではともすれば軽視されがちであったために、子どもに振りまわされるだけの楽しい体育であったり、健康講話的な保健であったりする傾向があった。また、運動量一点張りの体育であったり、管理主義的な保健であったりもした。いつまでもこうであっては、子どもたちは人間らしい体育文化の担い手にならないし、みずからの身体について考える力もつかないだろう。

　人間は、本来、外界にはたらきかけ、そこで生じた葛藤を克服することによ

って発達する。教育という意図的な人間形成は、人為的に適切なそのような環境を設定し、子どもの"やる気"を鼓吹するところから発している。体育と保健においても、子どもが適切なみずからの身体に関する目標をもって努力し、それを克服し、次の新たな目標との矛盾を克服する内的エネルギーを蓄積していく実践が期待されているのである。

3．身体認識で結びつく体育と保健
―― 〈保健体育〉の教科指導の任務

(1) 体育・保健の独自性と連帯性

　戦後の新教育制度が発足後、1949（昭和24）年に中学校と高等学校において相次いで、それまでの体育科が保健体育科と改められた。周知のごとく、現在でも中・高校における保健体育の教科名は、そのままのまま続いている。小学校では、3学年から体育の領域の中に保健が入っている。

　そのように、体育と保健とは制度的にくっつけられたり、体育の中に保健が組み込まれたりしている側面があるが、長く、体育と保健とでそれぞれの教科領域をもちながら、隣接領域として両者の連帯性が追求され、実践されてきている。

　教育は生きている人間を対象にしたいとなみであるから、教育の基盤には身体あってこそ、と考えることができる。そして、その基盤のうえに立って、人格の発達に向けて人間的諸能力を全面的に発達させるために各教科が準備されていると考えられる。そうすると、身体発達の課題は、教育の全体構造を支える土台をしっかりさせるとともに、人間的諸能力の構成要素としての身体的諸能力を高めていくという二重の意味から重要となる。体育と保健との連帯性は、当然この身体発達の課題に対して求められるのであるが、実際には体育と保健の領域はかなりちがう。

　体育は体操・スポーツ・ダンスなどの身体運動を独自的な内容として成り立っ

ており、保健は人間の健康に関係する生理学、衛生学、疫学、生物学、食物学、栄養学、住居学などが独自的内容である。

この体育と保健とに独自な認識対象を、からだづくりの主体を形成する方向で統一していくのが〈保健体育〉の教科指導の任務であろう。

(2) 体育では身体をどう教えるのか

体育授業の具体的な中身は、大部分、運動・スポーツをどう子どもたちのものにするかにかかわっている。

この運動・スポーツそのものの継承・発展を体育の任務と規定する流れに「運動文化論」がある。しかし、時代や社会によりその位置づけに強弱はあっても、体育の重要な任務の1つとして身体形成があると考えるのは半ば常識である。問題は、実際の体育授業において、運動・スポーツのやり方を教えることと身体を教えることとが、必ずしも表裏一体になっていないところにある。

理論的には、運動・スポーツの技術的上達を、それがうまくなった身体ととらえると、「運動文化」目標は身体形成目標の枠内に整理できる。また体育が、たんなる運動・スポーツの教育にとどまらず、身体形成の科学・方法も含めて人間としての身体・運動、身体の尊厳、生き方にせまりながら、教育全体に貢献しようとするならば、運動・スポーツの技術そのものよりも、それを含むからだづくりという体育文化を学習内容とし、子どもの認識対象にしていくのが体育の基本と考えられる。

このためには、運動・スポーツの個人的あるいは対人的・集団的な技術は、できるだけ身体の構造や機能に即して教えたいと思う。例えば短距離走であれば、全力疾走時の腕の振りと脚の蹴りとの連動性、ひじとひざの角度、上体の前傾のしかた、脚の運び、目のつけどころなどは、ぜひ、きちんと教える必要がある。もちろん、スタート、フィニッシュについても、同様の観点から教えるのを忘れてはならない。

剣道のような対人的運動となれば、自分と相手との間合い、すなわち空間認

識も大切な身体の学習である。

　ボール・ゲームのような集団的運動であれば、器用なボール操作のための身体各部の使い方はもとより、自分と相手とボールとの三者関係における対人・対物的な動きの指導は、とくに重要である。

　教師の側に、体育文化と身体の学習とを統一する視点が欠落すると、「楽しい体育」「できるようにする」のための紋切り型の指導方法に飛びついたりするはめになる。指導方法は、明らかに、何をどう教えるかの次にくる問題であるし、何をどう教えたかの結果ぬきに、子どもの側から楽しければ、それでよい体育の授業と評価できるわけでもない。

　こういう形で身体を教える体育は、次には子どもを将来にわたって自分の身体について考え、実践していける主体に育てる方向に進みたい。心の内面から、からだづくりの意欲を引き出す実践である。それには、身体認識をじっくりと深める教育が必要になる。

　ここで、どうしても思い起こしておかなければならないのが、佐々木賢太郎『体育の子』（新評論、1956年）の実践である。「書かせる体育」によって子どもに身体を語らせ、その背景にある悲惨な生活に気づかせ、生活の変革から社会の変革までを展望しうるからだづくりの主体形成をめざした実践であった。戦後間もない頃の実践ではあるが、わが国土着の教育方法である生活綴方的手法によっている点でも、いま一度その現在的意義を確認しておきたい貴重な体育実践である（Ⅱ4. を参照）。

　『体育の子』の実践は、体力不足というとすぐに対症療法的な体力づくりに走りがちな一般的風潮に対して、身体的認識を深めることが、一見遠まわりであっても、子どもの内面にからだづくりを自己運動させていく確実な道であることを教えてくれているのである。文字どおり体力をつける課題を"近いねらい"というならば、将来にわたるからだづくりを見通している"遠いねらい"の体育実践の典型といえるだろう。

　本来、教科体育の指導も、運動・スポーツをできるようにすることに尽きる

というよりは、体育文化の学習を身体の学習と一致させながら、"遠いねらい"のからだづくりを中心的に担っていくものと考えられる。

そのためには、子どもを、運動・スポーツを仲間とともにやれる程度の技術と知識の持ち主にしていかなければならないし、自分の身体の調子がわかり、未知の身体的な変化を察知できる能力をつける意味でも、一定の水準以上の運動・スポーツができる身体にしておかなくてはならない。

"近いねらい"の体力づくりは、それとして必要ではあるが、無制限的な体力づくりの強要、運動量主義・馬力主義的な体育となっては、身体の自治能力を育てようとする体育とは相容れなくなってしまう。むしろ適切な到達目標の設定によって体力づくりに一定の歯止めをかけ、オールラウンドな体力づくりをめざし、身体のゆがみの大きいところをねらうとりくみが重要となろう。

体育文化の学習と身体の学習とを統一し、身体形成に関する"近いねらい"と"遠いねらい"を区別した体育実践が重要である。

(3) 体育と保健でからだづくりの主体形成

伝統的な保健教育観を簡単にいえば、生活指導も含めた病気予防的な手洗い習慣形成型の衛生教育であった。学習指導要領には、生活習慣病、薬物に関する内容なども入っているが、「健康な生活と疾病の予防」がしつけ的にならないように、交通事故や自然災害で人的要因ばかりが強調されることのないように願いたいものである。しかも不思議なことに保健でありながら、人間の身体についての科学的知識はあまり教えられず、身体のしくみやはたらき、身体発達に関する教科内容は軽視されてきた。養護教諭の日常的職務が、保健管理的な側面に偏りがちなこともあって、なおさら身体の学習が保健の教科内容の片すみに追いやられてきたのだろう。

そういう一般的状況があるせいか、保健分野での先進的実践は、教科よりは養護教諭の実践のほうで目立っている。

保健では、体育よりも、直接、身体認識におよぶ内容があってしかるべきで

ある。保健分野でのこの点の前進と身体を教える体育とが、教科外における養護教諭の実践と三位一体になってこそ、からだづくりの教育実践がいっそう発展すると思う。

　生涯にわたるからだづくりのために、運動・スポーツを実践し、健康生活の設計ができる自治能力は、運動の楽しさを学ばせたからでも、病気の恐ろしさを知らしめたからでもなく、それらの知識と実践する力とを生きる力として子どもの内面に刻み込んでこそ、形成されていく。

　体育と保健とは、運動・スポーツの実践という点では隔たった認識対象をもちながらも、いずれも身体を教え、身体認識を深める中で、生活変革・社会変革も含めたからだづくりの主体を形成していく共通の基盤があるのである。

II 体育の教材・授業づくりとからだづくり

1. からだづくりの視点から教材づくり

(1) スポーツ愛好者の身体要求

　表II-1は、新日本体育連盟（現・新日本スポーツ連盟）兵庫県連盟に所属するスポーツクラブ員を対象に行った「スポーツ活動・意識調査」結果の一部である。月平均で2、3回以上スポーツをする一般大衆（おおむね20～40歳の男女、計864人）が、「学校時代に体育で学んでおきたかった」と答えた内容がまとめられている。いろいろなスポーツ種目への要求にもまして、表中「●印」で示した体力づくりの類の要求が出てきていることに注目したい。これら全部を合わせると、男女合計で6.1％となり、テニスの5.2％を抜いて最高の割合である。「スポーツの楽しさ」0.3％とは、あまりにも対照的である。

　巷でスポーツをしている大衆が、スポーツを愛好する立場から学校の体育に要求している内容は、あれこれのスポーツ種目もさることながら、健康・体力づくりのための運動・体操、スポーツをするうえで欠かせない身体トレーニングに関する理論と方法への期待が意外に強いのである。

　他方、総理府（現・内閣府）「体力・スポーツに関する世論調査」（1982年）

表II-1　学校の体育の授業で習っておきたかったこと

	男（645人）	女（208人）	計（864人）
テニス	3.8%	9.6%	5.2%
水泳	3.4	6.7	2.5
スキー	2.1	3.8	2.5
剣道	1.4	2.9	1.7
●体操	1.1	1.9	1.3
●ストレッチ体操	1.1	1.9	1.3
●基礎体力づくり	1.4	0.5	1.2
サッカー	1.2	0.5	1.0
卓球	0.5	2.9	1.0
柔道	0.9	1.4	1.0
ラグビー	1.1	0.5	0.9
●長距離ランニング	0.9	0.5	0.8
●トレーニング法	0.9	0.5	0.8
陸上	0.8	0.5	0.7
●スポーツ生理学	0.9		0.7
バドミントン	0.5	1.0	0.6
スポーツの楽しさ	0.5		0.3
ダンス		1.4	0.3
その他	1.8	4.8	2.5

（注）自由記述形式。重複回答あり。（新体連兵庫，1984）

と同じ選択肢で「運動・スポーツを行なう理由」を聞いてみたところ、第1位は「楽しみ・気晴らし」35.5%、第2位は、「からだを丈夫にするため」「運動不足を感じるから」などをまとめた健康・体力要求の26.1%であり、第3位は「仲間との交流」23.4%であった。

　したがってそれらの結果からすると、一般大衆の運動・スポーツ要求は、素朴な健康・体力要求が背景にある場合が多いが、スポーツをやりはじめるとそれ自体を楽しみ、交流を意識するようになり、さらに高いレベルでスポーツを楽しみたいとなると、また身体への要求が強くなる傾向があるように考えられる。

　もしそうだとしたら、学校の体育にかけられているからだづくりへの期待として、素朴な健康・体力要求とともに、スポーツをやればやるだけ高まる身体要求（準備運動や整理運動の知識、ストレッチ体操、身体トレーニングのための

理論と方法など）があることを忘れてはならないだろう。

(2) 身体とスポーツを統一する教材観

　旧東ドイツ（以下、「東ドイツ」と略す。）には、1989年の新学期から実施予定だったが、国の崩壊でほとんど実施されなかった幻の体育科指導要領（Lehrplan Sport）がある。そこでは、主要目標がそれまでの"身体基礎形成"（körperliche Grundausblidung）から"身体・スポーツ基礎形成"（körperlich-sportliche Grundausblidung）へ修正される運びになっていた。そしてその内容は、以下のようであった。

　　―身体機構の機能的状態を特徴づけているコンディション的運動能力を発達させること、とくに持久力、スピード、筋力の各能力
　　―運動の一定の発達段階で表出される調整的運動能力とスポーツ的習熟との複合、とくに調整と結合の能力、予測能力、運動習熟とスポーツ技術の定着化
　　―身体・スポーツ的活動における心理的能力の複合、とくに遂行準備と遂行努力に関して

　つまり"身体・スポーツ基礎形成"とはいうものの、われわれの語感からくる体力づくりとスポーツがうまくなることを単純にプラスした概念ではない。どんなスポーツをやるうえでも必要とされる基礎的な体力の形成と心理的能力も含めた運動の調整・結合能力の形成が課題とされていた。
　それでは具体的な体育指導はどうなるのか、球技の場合を例にとってみよう。
　試合にもっていくまでの練習方法として、ボールなしでやる運動から、ボール扱い、ドリブル、パス、シュート、フォーメーション、ミニ・ゲーム練習に至るまで、実に169の内容が準備されている。それらを、バスケットボール、サッカー、ハンドボール、バレーボールに共通する運動要素や攻防形式を含んだものとそう

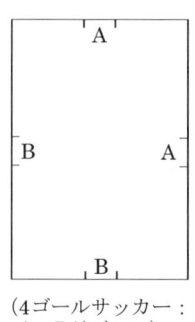 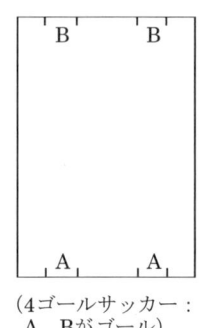 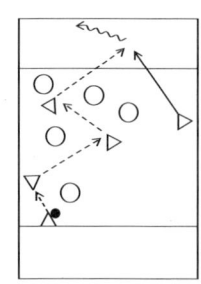

(4ゴールサッカー：　　（4ゴールサッカー：　　● ボール　→走る
　A、Bがゴール）　　　　A、Bがゴール）　　　-→パス　〰〰〰〰ドリブル
　　　　　　　　　　　　　　　　　　　　　　（エンドゾーンボール持
　　　　　　　　　　　　　　　　　　　　　　　ち込みサッカー）

図Ⅱ-1　東ドイツのスポーツ指導書におけるサッカーの小ゲーム例
（Konzag, I., "Übungsformen für die Sportspiele", Sportverlag, 1979年）

でないものとに分け、それぞれの種目ごとに、一定の練習系列がつくられている。ボール遊びの類や「ドリブル→シュート」練習のパターンの多くは共通するが、集団的・チーム的な戦術練習の仕上げは、例えばサッカーの場合、図Ⅱ-1に示したような4つのゴールを使うゲームやエンドゾーンへのボール持ち込みゲームとなる。

　未分化で学習された運動の能力を、このような戦術眼が自動的に要求されるゲーム形式の練習の中で生かし、臨機応変の個人的・対人的・集団的身体操作能力として発揮させようとする意図が感じられる。スポーツ的なプレイ能力（Spielfähigkeit）には、身体的準備（körperliche Vorbereitung）が前提にあったのである。身体的能力とスポーツ的能力を統一する立場で、ボーム・ゲーム指導の順序立てを試みているその考え方から学ぶ点は多いように思われる。

(3) 体力・運動能力の到達目標
　東ドイツには、「スポーツ章（バッジ）テスト」（Sportabzeichenprogramm der DDR）があった。このテストの標語が「労働と祖国防衛の準備なれり」であったように、社会主義国特有の社会的目標を併せもつ体力テストであった。わ

表Ⅱ-2 東ドイツ「スポーツ章テスト」の測定種目・評価基準（10～13歳）

種目	性別 得点(到達目標)	男子 1点	男子 2点	男子 3点	女子 1点	女子 2点	女子 3点
基礎条件 1. 持久走（男子2,000m／女子1,000m）（分）		9:00 注1)	10:00	9:20	9:00 注1)	5:20	5:00
または ワンデリング(10km)（時間）		2:00	1:50	1:45	2:00	1:50	1:45
2. 懸垂腕屈伸(男子)・斜め懸垂腕屈伸(女子)（回）		1	3	5	12	25	30
または 腕立て伏せ屈伸（回）		8	18	22	5	10	12
3. 立ち三段跳び(試技3回)（m）		4.30	5.30	5.70	4.40	5.00	5.25
または 立ち幅跳び(試技3回)（m）		10～13歳 なし			10～13歳 なし		
4. ジグザグ走(片道20m、関門3つを往復)（秒）		15.0	14.0	13.2	17.0	15.0	14.0
5. スポーツ射撃(空気銃)		―(略)―			―(略)―		
または ボール的投げ(6m先の的へ5回)注2)（成功回数）		2	3	4	2	3	4
付加条件 6. 水泳(持久泳、種目自由)（分）		5	10	15	5	10	15
7. 短距離走（5・6学年 60m／7・8学年 100m）（秒）		10.8／18.0	9.9／16.0	9.6／15.0	11.1／18.3	10.5／16.8	9.9／16.2
8. 走り幅跳び(試技3回)（m）		2.90	3.60	3.80	2.70	3.25	3.45
または 走り高跳び（m）		0.90	1.05	1.15	0.85	1.00	1.05
9. 砲丸投げ(試技3回)注3)（m）		5.00	6.00	6.75	4.50	5.50	6.10
または ボール遠投(600g)(10・11歳は150gも可)(試技3回)（m）		16／25	22／30	25／35	10／12	14／18	16／22
10. 選択スポーツ種目（距離スキー、自転車、九柱戯／球技、器械運動、小遊戯）		―(略)―			―(略)―		

注1) 距離・スピードに関係なく9分間走りきればよい。
注2) 的は地面に直径1mで描かれる。外周45cm以上のボール使用。
注3) 砲丸の重さは、6学年男女3kg、7・8学年男子4kg、女子3kg、9・10学年男子5kg、女子4kg。

れわれに参考になるのは、それではなく、体力・運動能力の到達目標（評価基準）である。

　年齢段階「10〜13歳」（表Ⅱ-2）を例として挙げる。測定結果は、まず、種目ごとに1、2、3点のいずれかに3段階評価される。次に、種目ごとの評価点を合計し、その総合点によって金賞、銀賞、銅賞のいずれかが与えられる。例えば、「基礎条件」の5種目全部にわたり8点で銅賞、「基礎条件」と「付加条件」の10種目全部にわたり20点で銀賞、同じく26点で金賞となる。

　ここで注目しなくてはならないのは、各測定種目の「1点」の評価基準が、例えば、持久走が距離・スピードに関係なく男女共通で9分間走り続けることや、男子の懸垂腕屈伸1回のように、かなり低いレベルに抑えられていることである。しかし、「基礎条件」5種目でまんべんなく1点で取れても、あと3点加算しないと、銅賞がもらえないしくみである。最初の目標は低く設定して、運動が苦手な子どもでもやる気が起こるようにし、しかし総合的な能力を要求するやり方は、スポーツ参加による体力づくりを促進する方法として優れているように思われる（拙稿：ドイツ民主共和国の教科体育における「スポーツ章テスト」の位置づけ、『体育学研究』32(1)、1986年）。

　学校の具体的な体育授業の場で、教師・子どもに用いられる各種運動技能の評価基準表（Empfehlungen für die Bewertung und Zensierung im Schulsport）にも、この「スポーツ章テスト」が関連づけられており、金、銀、銅のいずれかのスポーツバッジを得た子どもには、体育の評価に一定の配慮がなされるようになっていた。体力テストと体育評価とが連動していたということである。

　みずからの身体に自信をもたせる適切な体力・運動能力の到達目標を設定が、体育学習とスポーツ参加への意欲づけになるような教材編成のしかたは、研究されてよいと考える。

2．運動と身体の科学を教える授業づくり

(1) 運動のしかたを教えない体育の問題

　かつての文部省・スポーツテストにおける体力診断テストと運動能力テストの経年的変化は、「垂直跳びはよく跳べるようになっているのに、走り幅跳びは一昔前の子どもとほとんど変わらない程度にしか跳べない」ことを明らかにしていた。1984年当時に明らかにしたその現象は、「運動と身体の科学を教える授業づくり」に関するいまでも通用する重要な問題提起である。現在の「新体力テスト」（文部省〈当時〉、2000年）では、種目構成的に〈垂直跳び－走り幅跳び〉関係は分析不可能であるので、なおさらそのことについて論じておく必要があると考える。

　図Ⅱ-2を参照されたい。文部省・スポーツテストの全国実施が開始されたときと比較した子どもの垂直跳びと走り幅跳びの変化率が示されている。

　1964～1983年の20年間に、小学校6年生男子と高校3年生男子の走り幅跳

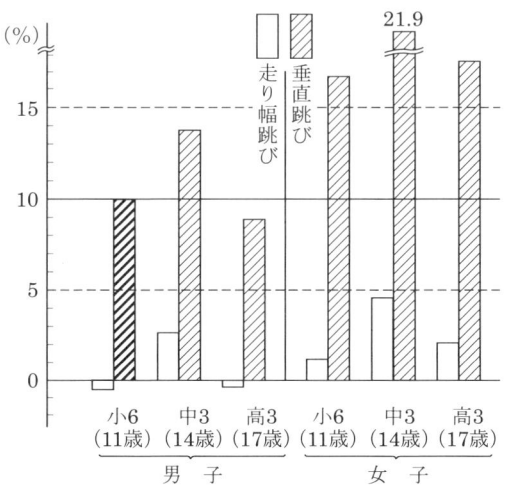

図Ⅱ-2　走り幅跳びと垂直跳びの増減率
（1964～1966年と1981～1983年の全国平均値の比較、文部省データより作図）

びの能力は低下している。伸びている中学3年生男子と女子の各学年でも5％以内の上昇率であり、垂直跳びの大きな上昇率に比して走り幅跳びのそれは、あまりにも小さい。学校の体育が体力づくりを強調し、体力と運動能力の全体的水準が向上している状況下で、この現象が起こっているのであるから、走り幅跳びの停滞・低下問題は深刻に受け止めたほうがよいと思う。

もちろん垂直跳びと走り幅跳びの能力は、必ず平行して発達するという法則があるわけではない。しかし、身長が高くなり、当然脚長も長くなり、垂直跳びが20年間に10〜20％以上も跳べるようになっているのだから、走り幅跳びがもう少しぐらい跳べても不思議ではないと考えるのは至当であろう。

なぜ、このようなことになったのであろうか。簡単にいえば、走り幅跳びの跳び方が教えられてこなかったからではないか。どうも体力づくりを強調しすぎた体育は、その場でまっすぐに跳び上がる垂直跳びのパワー・アップはしたけれども、それを助走から踏み切り、前方遠くへ身体を投げ出す走り幅跳びのパフォーマンスとして発揮させる方向には、効果をおよぼさなかったようである。

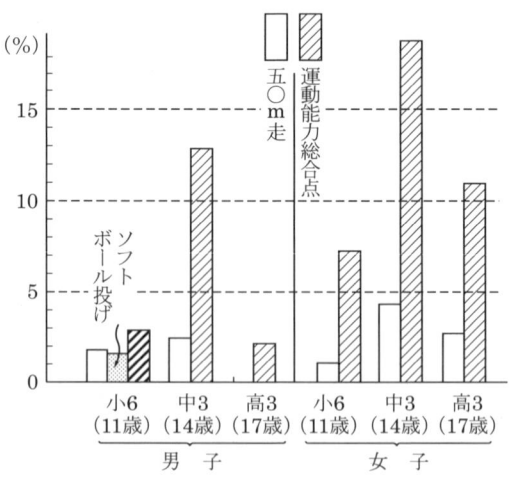

図Ⅱ-3　50m走と運動能力総合点の増減率
（1964〜1966年と1981〜1983年の全国平均値の比較、文部省データより作図）

同じように考えると、50m走の上昇率が、20年来の運動能力総合点の大幅な向上に比べて5％どまりと低いことも気にかかる。小学校6年生男子のソフトボール投げにも、伸び悩みの傾向がある（図Ⅱ-3）。

　これまでの体力づくりに偏った体育が、運動の回数や量、あるいは全力を強調するあまり、子どもの"我流"を矯正し、走ったり、投げたりする運動の能力をつけてやるほどには、運動のしかた、つまり身体の使い方を教えてこなかったということはないであろうか。いずれも汗や力は出させても、身体の使い方という"知恵"をつけなかった体力づくりの弊害のように思える。

　いま私は、たまたま体力づくりに偏った体育をやり玉にあげてしまったが、運動をやらせているわりには運動のしかたを指導していない体育の授業は、意外に多いのではないだろうか。放任的な「自主性」を育てる体育、子どもに振りまわされる「楽しい」体育にも、運動量主義・馬力主義の体育と同じように、身体の使い方を学ばせない問題が宿っていると考えなければならない。

(2) 運動の理解を身体の科学的理解に

　例えば、走り幅跳びの授業をするとしよう。

　運動能力テストの要領で跳ばせて測定するだけであれば簡単だが、実際に跳

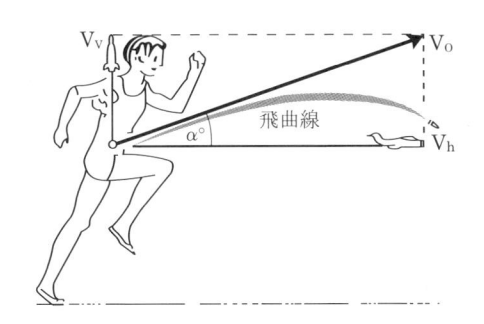

図Ⅱ-4　走り幅跳びの子ども向け説明図
(Lohmann, W., "Lauf, Sprung, Wurf", Sportverlag, 1968, p.54)

び方を教えるとなると空中フォームばかりでなく、そもそも小・中学生にはどんな跳び方が適切かにはじまり、助走は何歩ぐらいがよいのか、踏み切りはどうすればよいのかなどと、いちいち具体的にひっかかる。

このような疑問について、例えば東ドイツの体育書、W・ローマン『走る・とぶ・投げる』(Sportverlag, 1968年)(注：一条元美らによる訳書は、あゆみ出版より1976年に出版されている)は、子どもにもわかるようにていねいに答えてくれている。

かれらは一流選手のように長い飛距離を跳ばないからそり跳びがよい、助走は12～16歩ぐらい、踏み切ったとき踵は一瞬だけ地面にふれ、すばやく重心を足の先端に移し、踏切り板を後方に蹴ること、空中では両脚を同じ高さにして砂場に平行にすることなどと……。

さらに注目すべきは、身体運動の科学とともに走り幅跳びを教えていこうとする姿勢である。その「もっとも重要な要素－助走と踏み切り」の意味を、図Ⅱ-4のごとく図解して子ども向けに理論的に説明する。飛距離、高さは、踏み切りの角度 $a°$ によって決まり、この角度は、速度 V_o の構成（水平 V_h と垂直 V_v）によって決まる。そして、水平速度は垂直速度の2倍なければならないなどと、相手が子どもだから理屈ぬきというやり方は通用しない。

指摘されてみれば当然の指導方法に聞こえるが、日常の授業におけるスポーツ技術の指導において、いつも運動のしかたを全体的かつ要素的に理解させ、身体運動の科学的理解にせまっている教師は、そう多くないだろう。それを子どもの発達段階に応じてとなると、なおさら大変である。

体育では、人間の運動一般の中でも、とくに身体諸機能の発達をはかり、その文化的価値が次代を担う子どもにふさわしいものが準備されている。さらにその中にあって、陸上競技種目には、身体的な最大能力を発揮させる教材としての価値は大きいものがある。しかしそのためには、パワー、スピード、スタミナといった体力だけをつければよいのではなく、人間の文化らしい理にかなった身体の使い方を学ばせる必要がある。陸上競技のように記録で優劣が示される教

材でなくても、運動のやり方を身体運動の科学として教え、運動の能力をつけていく体育でありたいと思う。

(3) 体育文化の学習を身体の学習と統一

　私は、体育の授業でねらうからだづくりは、即体力づくりというより、スポーツができるようになり、その文化的な価値を学ぶことが、つまりその〈運動のしかた＝身体の使い方〉を学ぶことであり、それをよりどころに身体について考える力をつけ、からだづくりを自己運動させる方向に中心があると考えている。だからこそ、身体のはたらきやしくみとともに体育文化を教え、身体運動の科学的理解にせまる体育を大切にしたいのである。

　体育文化の学習を身体の学習と統一したいという意味は、そういうことである。換言すれば、運動そのもの教育を身体認識化させてこそ身体の教育、つまりからだづくりの意欲を形成する教育となる。教育が体験を認識化させる人間形成のいとなみであるとするならば、体育科教育の実践にも、そういう考え方が重要だと思う。

　そして体育の授業であるなしにかかわらず、そのときどきの必要性によって、直接的に体力づくりをねらうとりくみをする場合でも、同様の立場から身体形成の科学を学ばせ、将来にわたるからだづくりの意欲を形成する基本姿勢は忘れてはならないと思う。

　体育教師には、子どものときから運動が好きで、スポーツが得意な人が多い。体育でやるスポーツの技術ぐらい自然に身につくとでも思っているのか、案外、運動のしかたを教えていないような気がする。あるいは、自分がつくり上げた職人的な紋切り型の指導方法にのめり込み、運動や身体の科学を教える観点が欠如している場合もあるかもしれない。また、とくに小学校の体育には、子どもが楽しければそれでよく、体力は運動の結果としてつけばよいとする風潮も散見される。

　生涯にわたる健康生活とスポーツのあるゆたかな生活のために、子どもを身体

とスポーツの主人公に育てようとすれば、人間が人間らしく生きていくうえでの身体運動の価値と必要性とがわかるからだづくりの教育が重要である。

そしてその有力な担い手としての体育は、体力づくりだけであっても、楽しいだけの体育であっても片落ちである。なぜなら、スポーツの楽しさや身体運動の快感も教えられない体育、身体運動の意義を子どもの内面的理解にせまり、仲間とともにできる力もつけない体育であっては、からだづくりへの自己教育として運動・スポーツ実践ができる主体形成どころではないからである。

このためには、身体の科学的理解を接着剤として、運動の学習を身体認識化する体育実践の方向が重要となってくる。一見遠まわりではあっても、このほうがスポーツ権を金科玉条のように教化する体育よりはるかに、子どもをスポーツする権利を主張できる主体に育てるであろう。

日本の子どもの将来のために、身体とスポーツの主人公を育てる体育を重視したいと思う。その実践として、体育文化と身体の学習を統一する体育の授業を推進したいと思う。

3．全員が参加できる一体感のある授業づくり

(1) 体育と差別

『ある體操教師の死』(「現代日本文学全集」改造社、1922年、所収) は、プロレタリア作家・藤森成吉作である。その彼にして、その書き出し「木尾先生は、或る山國の地方の中学教師だった。教師と云っても體操科——一生をそれで終ったのである」は、体育と体育教師に対していかにも軽蔑的である。もちろん全体も、主人公の体育教師を一段低いと見る皮肉に終始している。

体育科教育の研究者として知られる中森孜郎氏は、大学卒業を控えて体育教師になる決心をしたら、家族に「とうとう体操の先生になったなあ」と苦笑されたそうである (中森孜郎「体育教師のなやみ」、『教育』55、1955年)。同じく小林篤氏は、「学会出張のため休講」と学生に告げると、大半の学生は「ヘー」

とか「さすが」と反応すると語っておられる（小林篤「体育の授業」、一莖書房、1975年）。私の大学院時代の恩師・水野忠文先生は、「体育の先生でも英語を知っている」と学生に驚嘆された経験を話されていた。参考のためにいえば、お三人とも「東大出」である。その昔、スポーツはエリートの娯楽であったが、職業としての体育教師は肉体労働者であり、そういう「上級の人間」のやる仕事ではないという見方は世の中に少なからずある。

　しかしそうであってもなくても、実技のない体育は存在しない。スポーツを楽しめるようにする教育もさることながら、人間らしい運動を身につけさせ、人間らしいからだに育て、精神的に解放させる体育教育の役割はきわめて大きいと考える。運動が得意な子どもにとっても不得意な子どもにとっても一体と感じられる、人間的にやさしくあたたかい体育実践について考えてみたい。

(2)「マラソン」と「短距離走」

　灰谷健次郎著の児童小説『へんな子がいっぱい』（講談社、1982年）の中に、体育のマラソン風景が描かれている。

　　　3時間めの体育の時間、ひさしぶりで高峰山までマラソンをした。
　　ぼくはだいぶ、からだがじょうぶになっていたけれど、みんなといっしょに高峰山までのぼるのはむりなんだ。
　　ぼくはそれが、とってもくやしい。
　　マラソンは、さきにいったものがかちだけど、ぼくのクラスのマラソンはかわっている。マラソンも、へんなマラソンなんだ。
　　いちばん先頭を走っているものが、どこでもじぶんのきめたところで、はんたいに走りだす。すると、その後ろについているものも、やっぱりはんたいに走りだす。
　　しばらく走ってぼくを見つけると、びりのぼくをおりかえし点のようにして、くるりとまわるんだ。
　　そんなことをくりかえして、高峰山のちょうじょうまでいく。
　　ふつうに走ったら、ぼくはみんなからうんとはなれてしまうけれど、このマラソン

だったら、ぼくはいつも、みんなの中心にいるみたいな気分になる。
　このやり方は、城丸先生が考えたんじゃない。みんなが考えてくれたんだ。
　「そら、ええ考えや。明のくるしさがみんなにわかるし、みんなは明にやさしくしたことになるし……。」
　そのとき、先生はにこにこした。明はぼくのなまえ。
　そのマラソンで、きょうも高峰山のてっぺんにきた。
　もうくたくただった。
　6年生でもきついコースだから、何回のぼってもきついんだ。
　犬のようにしたをだして、はあはあいっているやつもいる。ひっくりかえって、大空をながめているやつもいる。
　「ようがんばったな。」
　と、先生はまんぞくそうにいった。

　きっと灰谷の教師時代の授業だろう。集団の力が生み出した、身体の弱い仲間を思いやる美しい授業風景が目に見える。
　工夫された短距離走の授業に「8秒間走」がある（山本貞美『若い体育の先生に』黎明書房、1983年）。図Ⅱ-5のような場所設定をし、スタートしてから8秒後に指導者は笛を吹く。その8秒間の点数を競うのである。細かくタイムを計測して順位づけするより、めあてが設定しやすく、走る興味がわくという発想である。その点数をもとにして、図Ⅱ-6のようにスタート位置を個人ごとに変えるやり方もできる。足の速い子はうしろから、遅い子は前から走るのである。
　私は、神戸大学教育学部の体育科教材研究の授業で、数度、「へんな子がいっぱい」式の「マラソン」を大学北側の六甲山のハイキング道で実践した経験がある。大学生でも、楽しめるという印象である。逆に「8秒間走」は、短時間で済まそうとすると、授業の準備と採点者の配置だけで大変である。だから、白ける。小学校低学年に図Ⅱ-6の方法を試みたところ、いつも人の後ろから走っている足の遅い子どもは、前からスタートさせても、抜かれるまで待っていたという"実践談"もある。ただし「8秒間」は、山本のオリジナルばかりでなく、そ

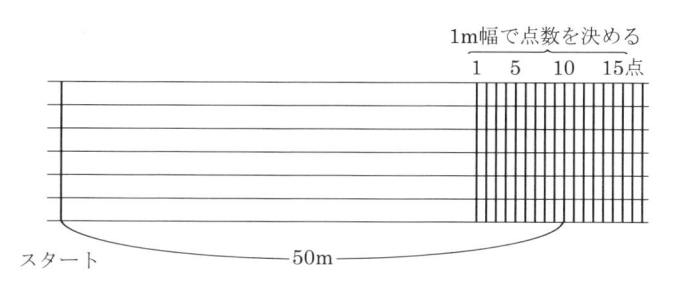

図Ⅱ-5　初期の「8秒間走」
（山本貞美『若い体育の先生に』黎明書房、1983年、p.91）

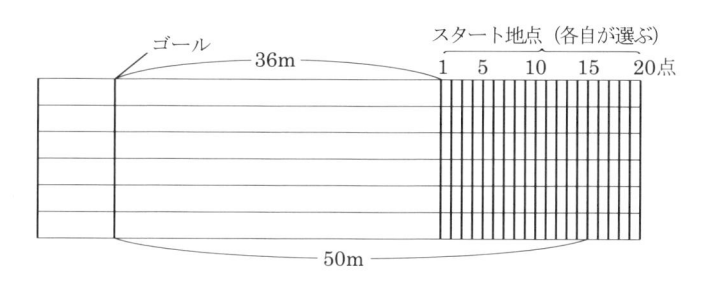

図Ⅱ-6　スタート位置を変えた「8秒間走」
（同前、p.95）

れを修正した実践報告も多く、なかなかに高い評価を受けている。

　しかしここで紹介したマラソンにしても「8秒間走」にしても、要する指導方法である。走り方を教える要素は少ない。適切な距離の設定と人間の運動様式らしい走フォームを、子どもの発達段階に応じて教えられるかどうかは、プロかどうかの試金石となろう。

(3) 変形ソフトボール

　金森俊朗『太陽の学校』（教育資料出版会、1988年）に、女子がすっかり気に入っている男女混合のソフトボールが紹介されている。金森の学校では、このソフトボールが、低学年の「またソフトがしたい」から高学年の「ソフトがしたいので計画を立てます」まで定着しているという。以下に掲載する引用文から、ど

のようなソフトボールかが連想できるであろう。

　　幸子はスポーツが得意ではない。同じような陽子も「やっぱりみんなで楽しく汗を流すのというのはいいねえ。私はソフトボールをあんまり好きじゃないけど楽しかった」……（略）……。打てたときの金属バットの快音がたまらないらしい。上手でもない女子が快感を味わうことができるのには秘密がある。
　　ピッチャーは味方から出て、もっぱら打たせることに専念し、打たれた球にはさわらない。内野手は定位置守備。三振制を採らず、何振かを自己申告して、相手チームに承認を求める。上手な衛、大輔、和春たちは名誉をかけ一、二振だし、幸子、陽子たちは八、九振なのである。かならず打て、守りに球がきて投げることもできるから楽しいのである。ピッチャーは男子がやるが、感心なほど女子に親切である。
　　……（略）……。自分たちの力量に合わせ、自分たちの都合のいいようにルールを改変できることを教え、だれでも楽しめるように変形してこそ子どもたちにとってすぐれた教材となりえる。

　私たちが子どもの頃、よく"三角ベース"の野球をした。小さい子には、ピッチャーがゆるいボールをその子が打てる高さに投げてやったり、転がしてやった。三振などは、ルールにないのがふつうだった。"三角ベース"とこの実践は、発想がどこか似ているように思う。"遊び感覚"は、とくに幼児・低学年、障害児の体育指導には効果的だろう。

（4）一人ひとりを見る
　よく「わかってできる」が、大切だという。亀村五郎『考える体育』（牧書店、1956年）は、このことについて考える好材料である。跳び箱の開脚跳び越しで亀村が子どもに確認したのは、踏み切り台の上に立ち、手を伸ばせば、前方へジャンプしなくても、だれでも跳び箱の前のほうに手が届く、それだけである。それなのに、助走して踏み切ると、なぜ跳べなくなってしまうのだろうか、と子どもに問いかけたのである。その問いかけに跳び越せない子もやる気を出し、後は順番に跳んで来る子ども一人ひとりに一言アドバイスするだけである。したが

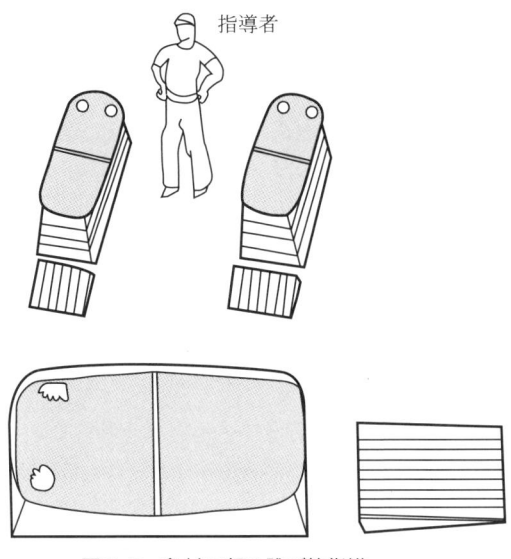

図Ⅱ-7　亀村五郎の跳び箱指導
（『考える体育』牧書店、1956年、p.51）

って教師は、図Ⅱ-7のように、2台の跳び箱の間に立つ。その跳び箱の台上には、真ん中と、さらにその先に手の形がチョークで描かれているのが特徴である。

そこには「跳び箱の跳び越しの本質は」というような議論や定型的な指導パターンは何もない。授業の場の設定が同じだけで、具体的指導は個に応じてなされているのである。ちなみに跳び越せない子どもでもっとも多いのは、亀村の見るところ、「手が前の方につけないもの」だが、向山一郎が『跳び箱は誰でも跳ばせられる』（明治図書、1982年）で指摘する跳べない主要因は「腕を支点とした体重移動」である。

小児麻痺（ポリオ）の後遺障害できかない左足をもつある女子高校生の体育は、その日までずっと見学だった（佐々木賢太郎「障害をもつ子に学ぶ授業」、『どの子も伸びる』126、1987年）。

先生。正直にいいますと、体育の授業は私にはないほうが楽しいのです。その理由は、いままでの体育の授業は出席しても見学扱いで、何もせず見ていたからです。当時の先生はやさしく「休んで見ていなさい」といってくれるだけで、通知簿でどう評価されるのかが不安でこわかったし、体育の授業がある朝は、よくお腹が痛かったです。高校へきても同じことになると予感していましたが、先生の方針や学習内容を聞いて、体育をやろうという希望がわいてきました。

　生活綴方教師・佐々木は、当人の了解をえて、この「節子と先生のたより」を授業で読み聞かせ、「節子がみんなと授業を受けるのに、すわって見学するだけで学習できるか」を討論させた。また、そのことについて書かせた。その結果、節子の体育への参加の可能性を訴える意見が相次ぎ、やがて節子は運動靴を右足に、靴下を左足にはき、授業に参加するようになる。60cmが跳び越せるようになった喜びを節子は「私のために、スタンド、マットの用意、踏み切り、倒れ方を教えてくれたことは忘れられない、ありがとう」と、書いている。2か月以上におよぶ授業の過程と子ども集団の高まりの様子はまさにドラマチックである。
　ところで、先に挙げた亀村の実践とこの佐々木の実践には共通点がある。すなわち両者とも、体育以前の課題として集団的にやる気をうまく引き出していること、次に個人に応じた指導がなされているという特徴がある。全員参加の体育のためには、集団的であると同時に、一人ひとりに応じた指導が求められるであろう。

(5) 型にこだわらないサッカー
　私はドイツに滞在していたとき、子どもがゴールの大きさを調節したサッカーに興じているのを、公園で見かけたことが何度かある。ゴールは、その辺にころがっている木片や石で横幅だけを取る。要するに、弱いほうのチームが大きいゴールを、強いほうが小さいゴールを攻めるのである。
　実力的な強弱だけでなく、男子と女子、年上と年下、人数のアンバランスは、

Ⅱ　体育の教材・授業づくりとからだづくり　　43

ゴールの大きさで相殺してサッカーができる。ヨーロッパの子どもは町の石畳の広場ででもサッカーをする。多少のデコボコや傾斜があっても、草木の生えている場所は、それらが両方のチームに適度の有利不利をつくり出し、上手な子も下手な子も一緒に楽しめる。

　サッカーについては、自分がかつて部活動でやっていた経験があるので、他のスポーツよりはその指導方法に関心をもっている。ドイツのサッカー指導書を翻訳し、『ゲームで覚えるサッカー』（あゆみ出版、1993年）の書名で出版したこともある。

　図Ⅱ-1で示した2つのゴールを2チームがお互いに攻め、守るゲームは、その

ねらい	ドリブルないし連係プレーからのシュート、判断状況、ポジショニング
ゲームの考え方	両チームは、2つの開放ゴールへ敵より多くのシュートをし、また敵のシュートを阻もうとします。ゴールキーパーなしでやります。
規則	・ゴールの両側からシュートできます。 ・同じゴールへ2回続けてシュートしてはいけません（ボールは、まず他のゴールの方へなくてはなりません）。 ・ゴールを通り抜けるドリブルは、得点とみなします。 ・シュート成功後、ボールが、直接、味方プレーヤーにわたると2点に数えます。
人数	2～7人ずつ2チーム
フィールド	・10m×20mから40m×60m ・旗ざおのゴール2つ（幅2～3m）、お互いから約20～30m離します。

図Ⅱ-8　開放ゴールサッカー
(拙著『ゲームで覚えるサッカー』あゆみ出版、1993年、p.32)

中で「フォアゴール・サッカー」として出てくる。上述したゴールの大きさやチームの人数をアンバランスにしたサッカーも紹介されている。少し変わったゲームに、図Ⅱ-8のようなサッカーがある。私は、大学生相手の授業で、よくこれをさせる。ゴールの正面からでも裏側からでもシュートができ、ゴールインしたボールは、取った者がそのまま味方にパスをすると自陣のボールとしてゲームを継続できるので、動きが途切れない。型にはまらないところから、自然に技術や動きを学ばせるミニ・サッカーとして役立っている。

(6) 実践研究姿勢への提言

　体育に限らないと思うが、「だれでもできるようになる」とか「どの子も楽しくできる」といった定型的な指導方法は昔からあるし、新しく考案されたりしている。熱心な教師にありがちな傾向として、その指導方法に子どもを当てはめようとする。民間の体育実践研究団体で学んだ「進歩的」のつもりの教師に、それが多いようにも思う。要するに、体育の定義、教材観とその指導方法が特定され、皆いっていることが同じである。頑迷な特定物への固執は、それ以外を認めないという排除の論理に通じる。

　体育の授業は、以下に示すような多くの子どもの認識の発達に貢献している。実際には、それらがお互いに絡みあっており、体育の目標1つ主義はとうてい成り立たないと、私は考える。教材の扱い方にしても、さまざまなはずである。

　1．運動の技術の認識
　　　イ　スポーツの技術の認識
　　　ロ　からだのための技術の認識
　2．運動や行動のルールの認識
　　　イ　ルールについての認識
　　　ロ　秩序のための行動の約束の認識
　　　ハ　ルールや約束ということについての認識

3．からだの事実や法則の認識
　イ　からだの事実の認識
　ロ　からだの法則の認識
　ハ　からだのねうちの認識（自分のからだ、なかまのからだ）
4．からだづくりの認識
　イ　何のためにからだをつくるのか
　ロ　だれのためにからだをつくるのか
　ハ　どんなからだをつくるのか
　ニ　どのようにしてつくるのか
5．生命尊重に対する認識
6．集団（国民）の健康に対する認識
7．仲間との人間関係の認識
　イ　約束にもとづいた人間関係の認識
　ロ　現実の人間関係の認識
　ハ　教師と子どもの人間関係の認識
8．生活の認識
　　（教育科学研究会・身体と教育部会『身体と教育』〈機関紙〉10、1966年）

【注】この認識の「枠組み」は2003年に一部修正されている（山本晃弘・野井真吾・正木健雄、「体育教育における子どもの認識に関する再検討」、『体育科教育学研究』19(2)、2003年）

　頭を柔らかくしないと、私がこの節で紹介した実践事例も全部否定しなくてはならなくなる。全員が参加できる一体感のある体育は、自由な発想と方法から実践研究されなければならないと考える。

4．身体認識を深める体育実践 ── 佐々木賢太郎の「書かせる」体育

(1) 日本にしかない体育の認識教育

　日本には、ドイツにもアメリカにもない認識教育、からだづくりの体育実践の財産がある。教育方法的にも、わが国独自であり、生活綴方である。「身体を使う『体育』」と「頭を使う『書く』」は、一見、対極にある。佐々木は、この「矛盾」関係をむしろ利用し、書くことをとおしてじっくりと子どもに自分の身体を見つめさせ、からだづくりの意欲を形成しようとした。

　私が"佐々木賢太郎"の名前をはじめて知ったのは、大学院に入った直後の東大教育学部図書室での本あさりのときだった。大学院に入ったものの、何を勉強してよいかわからなかった私の目に、佐々木賢太郎著『体育の子－生活体育をめざして』（新評論、1956年）という小さな本が飛び込んできた。しかし、そのときはそれだけのことで、修士課程時代に教育実践そのものを扱う研究をしている余裕はなかった。修士論文は、当時の研究室がとりくんでいたテーマをいただき、「体格・運動能力の統計的評価方法に関する研究」という題目で書いた。

　博士課程に進学し、もう少し教育学的な勉強をしたくなった頃、教育科学研究会（略称、教科研）を知った。1971年8月、長野県上林温泉で行われた教科研大会にはじめて参加した。〈身体と教育〉部会に出たのだが、そのとき、体力目標を主要に掲げる当時の学習指導要領路線とはまったく別のからだづくりについて学んだ。それが何年か前に図書室で読んだ『体育の子』だった。

　佐々木賢太郎の体育実践への関心は、それ以来である。佐々木先生が活躍されていた紀南地方は、神戸から比較的近い。2回、夏休みに学生を連れて白浜の先生宅へお邪魔したこともある。先生が定年退職されたのを機に、落ち着いて「佐々木賢太郎の真髄」を研究しようと思っていた矢先の1995年10月29日、佐々木先生は急逝された。享年71歳だった。

(2) 多面的な佐々木実践

　私が、これまでに、自分の著書の中で引用した佐々木の実践を以下に掲載する。

　1）『からだづくりと体育』青木書店、1984年
　①　からだづくりの実践論：71頁
　この本の主題にかかわる第Ⅱ章4節「体育の授業ではどう身体を教えるのか」で、子どもの内面からからだづくりの意欲を引き出すためには、身体認識をじっくり深める体育こそが重要であるとして、『体育の子』におけるからだづくりの意義を「生活綴方の手法による体育によって、子どもに身体を語らせ、その背景にある生活に気づかせ、生活の変革から社会の変革までを展望しうるからだづくりの主体形成をめざした実践であった」と評価している。
　②　運動のしかたを教える：104〜106頁
　いまの子どもは、走り幅跳びが以前より跳べなくなっている。この背景には体力を運動能力に転化できない体力づくりに偏った体育指導に問題があるのではないだろうか（Ⅱ2.(1)を参照）。そうではない運動のしかたをていねいに教える体育の授業例として、「踏切り線での学習（中学校1年）」（『体育の科学』10(2)、1960年）を紹介している。その授業では、助走の歩幅との関係から跳ぶための"身体の一部"として踏切り線が教えられている。同時に、"視点の正確さ"が走り幅跳びにとって重要との指摘もされている。運動のしかたを教えながら、身体についても考えさせた実践である。
　③「書かせる体育」によって身体認識を深める：137〜148頁
　『体育の子』から、「マッサージ」「桂ちゃんの大股走りに」「バスケットボールで学ぼう」を引用している。それらの体育実践では、作文を仲介とする教師との対話によって、子どもが合理的な運動方法を身につけていくさまがよくわかる。その過程における、授業者・佐々木の問いかけの多くが身体についてである。体育の授業における身体認識と運動認識について考える好例といえよう。

2）『私たちの教育実践改革』（兵庫県教育科学研究会編）、第5章　からだと心の発達をどうすすめるか、労働旬報社、1985年
　136～150頁において、岐阜県恵那地方のからだづくりの実践（Ⅳ5.を参照）を、『体育の子』における「書かせる体育」と関連させて、次のようにのべている。

　　この実践は戦後間もなくの昭和20年代の終わり頃に大きく開花し、『体育の子』として、世に知られています。生活綴方的に体育をとおして語らせることによって、子どもに身体について考えさせ、その背景にある貧しい農村の生活現実を直視させ、生活変革と社会変革に立ち向かう主体形成を意図した実践でした。からだと心の統一実践をめざした生命を守り育てる体育といってもよいでしょう。……（略）……。体育で身体をみつめさせる教育が、将来にわたるからだづくりの意欲を、子どもの内面に生きる力として刻み込むいとなみになればと思います。

3）『子どもが主役の体育・スポーツ―体育科教育改革の展望―』あずみの書房、1990年
　第Ⅳ章「体育と『書く』」の1、2節（89～91頁）において、亀村五郎『考える体育』（牧書店、1956年）とともに『体育の子』が、著された時代背景と佐々木の技術主義を克服する体育観とが紹介されている。「敗戦による虚脱状態から立ち直りはじめ、民主主義とは、新しい日本の主人公を育てる教育とはが問い直されていた時期の体育実践が、生活綴方に依拠しており、身体の主体者を形成しようとする体育であったことの意義を、上からの教育改革が進行しているいまこそ再認識すべきである」と論じている。
　体育の授業実践では、「ラジオ体操第一で批判学習」（『体育小話・101話』紀南保健体育研究会、1986年）が引用されている。「体のために体のサビ（硬化）をとり、柔らかい体をつくろう」をテーマにした、「体操する人」と観察者の「体操をよくする人」のペアーによるラジオ体操の相互点検学習の授業記録である。
　佐々木の弱者を思いやる集団教育の思想がよく表れている実践も紹介されてい

る。すなわち「おくれた仲間を仲間で跳ばす日」(『体育の子』第17話)と「障害をもつ子に学ぶ授業――子どものいのち輝く体育を 7」(本章3.(4)を参照)である。

前者は、家庭の事情で朝食もろくに摂れずに体育の授業を受けている小柄な"まなび"を仲間にしていく走り幅跳びの授業記録である。後者は、体育といえば小学校のときから見学でしかなかった高校生の節子が、その不自由な小児麻痺後遺症の足にもめげず、走り高跳びをするようになるまでの仲間づくりと彼女自身の変革の記録である。

「体育は勝てば官軍ではなく、ヒューマニズムの精神に満ちた授業であるべきである。『書かせる体育』は、語らせ、話し合い、知恵を出し合い、集団的に高まる体育でもある。佐々木は、弱き者、障害をもった子どもの立場から、そういった体育について教えてくれているのである」と、結んでいる。

(3) 生命を大切にする教育――環境変革を展望するからだづくり

『体育の子』がそうであるように、佐々木の著作は、一般に、子どもの日記風の作文と実践記録の集合体であり、起承転結がわかりにくい。版画や歌もある。文章も思いや感情が、先にあるといった感じである。平和、民主主義、いのちの輝き、生きるよろこび、からだと心の統一、生命を大切にする体育、全面発達と体育などが、本や章のタイトルに表れる。要するに、そういう"遠いねらい"を展望した教育なのだと思う。からだづくりも、自分や仲間の身体変革の課題としてだけでなく、それらを取り巻く環境変革のできる主体形成が含意されており、読み取りのむずかしさがある。

比較的わかりやすいのは、書かれた子どもの作文から、子どものおかれている状況、からだや運動に対する子どもの喜びや悩み、子どもが1つの運動を考えながら獲得していくさまである。そのような理由から私にとって、佐々木の著作は、演習形式の授業で少しずつ輪読して、読んだ部分に包含されている事実や考え方について理解を深めていく材料としてはよかった。体育といえば、「運動

すること」としか考えられない学生にも、多少は新鮮な気持にさせることができたと思う。

佐々木の「からだづくり＝生命を大切にする教育」は、南方の戦地で死線をさまよったかれ自身の経験から出発している。佐々木の実践には、同和教育の一面もあったように、困難な境遇の子どもに生きる力をつけ、環境を変革できる主体を形成しようとした教育でもあった。体育における〈からだづくりと身体認識〉、身体形成の究極の意味を教えてくれた佐々木の体育実践は、その生活綴方的手法とともに不滅であろう。

5．体育と体力づくり ——ドイツの健康教育からの示唆

(1) ドイツの「体育」における健康・体力の位置づけ

ドイツでは、日本の体育に該当する教科は"スポーツ"（Sport）と呼ばれている。旧東西両ドイツの統一後、1995年にドイツ各州のスポーツ科の目標を整理したヘルムケの報告がある。それによると、表II-3で一覧できるように、ギム

表II-3　ドイツ各州における Sport 科の目標

州	1	2	3	4	5	6	7	8	9	10	11	13	14	16
スポーツの実践能力	○	○	●	●	○		●	●	●	●	●	△	●	○
パーソナリティの発達		○										●	●	●
健康	○	○	○	○	○	○				△	△	△	△	●
体力		△			●		○			△	△	○		
社会性		○	○	△	○		○	○		○	○	○	○	○
知識			△	○	○		○	△	○	△	△	△	△	
能動的な自由時間・生活形成	●	○	○	○	○	○	○	△	△	△		△	○	○

(Helmke, C., 1995)

注1）●：主要目標、○：数目標同等、△：下位目標
注2）州名 1：バーデン・ヴュルテンベルク、2：バイエルン、3：ベルリン、4：ブランデンブルク、5：ブレーメン、6：ハンブルク、7：ヘッセン、8：メクレンブルク・フォアポンメルン、9：ニーダーザクセン、10：ノルトライン・ヴェストファーレン、11：ラインラント・プファルツ、13：ザクセン、14：ザクセン・アンハルト、16：チューリンゲン、12：ザールラントと15：シュレースヴィヒ・ホルシュタインは資料欠落。
注3）上記 4、8、13、14、16 の 5 州は、ドイツ統一に伴う新州（旧東ドイツ地域）。

ナジウム後期段階（日本の高等学校に相当する）では、スポーツの実践能力を培う目標が一番優勢である。そこが、スポーツ科らしいところであろう。健康（Gesundheit）と体力（körperliche Leistungsfähigkeit）は、パーソナリティの発達、社会性の育成、アクティブな生活形成などと並ぶ、次の諸目標の位置づけに見える。しかしながら、スポーツの実践能力の中身は、身体的に発達させることと関連づけられている。ドイツのスポーツ科においては、子どもの健康と体力をつくる課題が、スポーツ実践の自立的能力の形成と結びついた重要な目標の1つになっているということである。

　2000年前後からドイツ各州において、スポーツ科指導要領の改訂作業が進行した。例えば、ノルトライン・ヴェストファーレン州（以下、「NRW州」と略す。）のスポーツ科指導要領は、1999年に改訂されている。ケルン・スポーツ大学があるNRW州のスポーツ科は、ドイツのスポーツ科の代表格として知られているが、その目標は、「運動、ゲーム、スポーツをとおしての発達促進および運動文化、ゲーム文化、スポーツ文化の発達」と定型化されている。発達促進と文化獲得の"二重の任務"（Doppelauftrag）の密接な結合が、スポーツ科に課せられているのである。そのことは、身体形成と運動技術獲得の結合課題を意味しており、やはり健康・体力の課題がスポーツ実践力の形成とも結びついた重要な目標になっていると理解できる。

(2) 健康教育としての体力づくり

　日本では、教育現場における体力づくりのやり過ぎが反省され、学習指導要領の目標に〈運動の楽しさ〉が入ってきた頃から、ドイツの学校では、体力づくりが盛んになっている。背景には、欧米に共通する国民の健康問題があった。

　具体的には、「体力づくり学級」（die fitte Schulklasse）の実践が推奨された。その発端は、1987年のバイエルン州だそうであるが、ドイツ中に広がった。図Ⅱ-9の運動例示からわかるように、基本的には、それは日本でいう体力づくりである。その実践をさらに推進するために、NRW州文部省は、小・中等学校段階

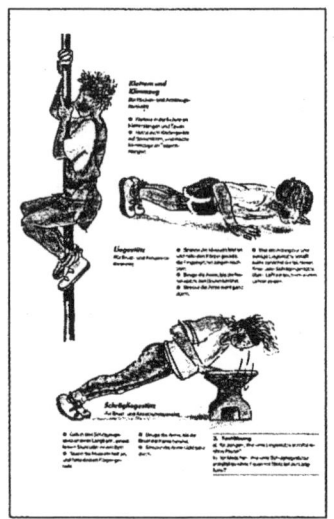

図Ⅱ-9　「体力づくり学級」の内容例
("Sportpädagogik" 15(5), 1991)

別にA4判200頁以上にもなる大部な『スポーツを通しての学校における健康教育』（AOK出版、1988・1990年）という指導資料を発行するほどの熱の入れようであった。健康の定義にもかかわる問題であるが、ドイツのスポーツ科で健康教育（Gesundheitserziehung）という場合、体力づくりが大きな比重を占めている。

　ドイツの健康教育には、さらにもう1つ大きな特徴がある。すなわち、Sport科と課外スポーツとの連携である。上記の指導資料が、『学校スポーツは気分転換を生み出す！　楽しみをもってスポーツで健康づくり！』という体力づくりガイドブックを付帯していたように、そういうときの標語は、決まって「楽しいスポーツで健康になろう」であった。

　スポーツ教育における体力づくり推進者の主張によると、健康教育はWHO（世界保健機関）が定義する健康概念、つまり「身体的、精神的、社会的に良好な状態（Wohlbefinden）」をめざす、「生活の質（Lebensqualität）」に関与する

教育と認められている。

　ドイツのスポーツ科における健康教育とその推進、すなわち子どもの体力づくりのために学校のスポーツ科と地域スポーツとの結合促進の様子を知るにつけ、子どもの体力づくりの期待を体育にかけるのは、日本もドイツも同じであると痛感させられたのである。

(3) 最近のドイツにおける体力づくり

　前述した1980年代とくらべると、ドイツのスポーツ科は、さらに子どもの健康・体力目標を強調せざるを得ない状況になっていることを、スポーツ教育関係雑誌が教えてくれている。肥満、高たんぱく摂取、高血圧の子どもが増え、運動能力が低下し、器用さに欠け、集中力が低下しているという。OECDによる国際学力調査PISAに端を発する学力問題は、子どもの体力低下問題にまで議論を発展させている（Ⅰ2.(1)を参照）。1970年代の健康志向ブームに乗ってアメリカからヨーロッパに広がり、日本にも紹介された体力テストのクーパー・テストが蘇り、学校でその活用が試みられている。体力づくりと気分転換を兼ねてスポーツ科以外の授業中にも短時間の運動をさせる「運動導入学校」(die bewegnete Schule) の実践もされている。同じ西ヨーロッパの有力国であるイギリスやフランスにおいても、体育における健康・体力目標が強調される傾向にあるという。アメリカからは、体力づくりから認識教育の流れがあるという確実な情報が入っている。

　今日、「健康をベースにした体育」(health-based physical education) への回帰は、ある程度世界的現象である。体育における身体形成目標の教育学的な位置づけを確認し、実践を見直すよい機会が来ていると思う。

(4) ドイツの子どものスポーツ意識

　ドイツの子ども（4、6、8学年）、2,500人を対象にした「好きな教科　スポーツ」という調査がある (Kruber, D., 1996年)。

表II-4 自由時間におけるスポーツ参加の理由

	学年 4	学年 6	学年 8	計
健康でありたい	52%	51%	52%	52%
多くの人と交流したい	14	15	21	17
友達をつくりたい	23	18	17	20
試合参加	36	38	38	37
自己の能力の向上	40	50	44	45
名選手になりたい	13	13	8	9
楽しいから	84	86	81	83
親に勧められた	14	—	5	10

(Kruber, D., 1996)

　これによると、41%が一番好きな教科としてスポーツ科を挙げ、2位の数学18%を大きく引き離している。そして、自由時間におけるスポーツ参加は87%におよんでいる。

　おもしろいのは、そのスポーツ参加の理由である（表II-4）。「楽しいから」が83%で1位、「健康でありたい」が52%で2位である。3位の「自己の能力の向上」45%には、体力もスポーツの能力も両方含まれていると思われる。

　スポーツをしている子どもへの質問であるから、「楽しいから」が一番多いのは当然であろうが、それ以外では「健康でありたい」が最高である。ドイツの子どもがスポーツをするのは、交流・友人要求、試合参加欲求（高いレベルではなく、人と交わりたいというような意味に理解するのが自然である）、一流選手への素朴なあこがれよりは、健康・体力づくりなのである。

　そのまま日本の子どもと比較できる資料は見当たらないが、参考までに「我が国の運動・スポーツに関する調査」（文部省＜当時＞委託、1992年）と対照してみよう。

　これは運動部活動に参加している理由とも重なっていると思われるが、日本の中・高校生の「運動・スポーツを行う理由」は、1位「好きだから」65.1%、

2位「健康・体力つくりのため」45.0%、3位「気晴らしとして」22.6%、4位「自己の記録や能力を向上させるため」17.9%、5位「友人・仲間との交流として」10.9%である。

ドイツの4、6、8学年は、日本の中・高校生より高率で、健康・体力、交流を「スポーツする理由」に挙げている。ドイツの「楽しいから」と日本の「好きだから」とを並べた場合でも、ドイツの「楽しいから」のほうが、はるかに高率である。

調査対象年齢も方法も違う点に注意しなければならないが、ドイツの子どものほうが日本の子どもより、「楽しみ」要求も「健康・体力」要求も強いと見える。その他の似たような質問項目の肯定率をくらべても、ドイツの子どものほうが高い。日本の部活動のような管理的な形態ではなく、週1、2回、地域のクラブでやるだけの課外スポーツ活動のほうが、子どもに伸び伸びと発言させるのであろうか。

それはともかく、学校と学校外のスポーツとの連携を考えた場合、ドイツであれ日本であれ、人間の運動と健康の価値を分離させるような傾向を、子どものスポーツ意識に見ることはできないのである。

(5) スポーツと健康をめぐる理論・実践問題

日本の体育科であれドイツのスポーツ科であれ、それが身体運動を伴う教科である限り、健康・体力の目標は避けて通れない。とはいえ、喫煙・薬物乱用防止、生活習慣病予防、むし歯予防、性教育、交通安全教育などはドイツでも「スポーツをとおしての健康教育」の直接的内容にはなりにくい。体育と保健とに、それぞれの独自領域があることは自明である。

その参考として、ドイツにおける「スポーツに関係づけられた健康教育」(die sportbezogene Gesundheitserziehung) を批判する意見には耳を傾ける必要がある。その論者の多くは、スポーツの健康へ積極的かかわりを否定はしないものの、そのことをスポーツ教育の課題とするかどうかについては否定的である（拙

稿：ドイツの「学校体育」における健康教育と体力づくり、『体育学研究』39(5)、1995年）。

総じて健康教育がスポーツ教育の場でフィットネスにすり替えられていると批判され、スポーツ教育における健康教育は、医学・生理学、社会人類学の課題に置き換えられうるとされている。「スポーツの本質」は「文化」であるとする「運動文化」（Bewegungskultur）追求主義もあれば、学校における体力づくりは保険企業の策謀であるとの「告発」まである。

そのような議論の中で有力な健康教育の研究者・推進者であるブロットマンは、「スポーツ教師（体育教師のこと）の仕事は、筋力、持久力などのトレーニングではなく、子どもが健康と長く付き合えるように働きかけることである。そのためには、子どもの健康意識教育が大切である」という趣旨の発言をしている。健康・体力とスポーツに関する自立能力を形成するスポーツ教育でなければ、生涯を見通したからだづくりにならないという意味であろう。まさに身体と運動に関する認識教育である。

ドイツにおけるスポーツ教育と健康教育の関連を知れば知るほど、保健体育科の存在している日本では、もっと体育と保健は密接な関係でなければならないと思う。保健、健康教育の研究者の多くが、体育系大学の出身者であるわが国では、この条件がよいはずだとも思う。

【参考文献】

Degenhart, H., Sportunterricht auf dem Prüfstand—Ein europäischer Vergleich. Brennpunkte der Sportwissenschaft 8(2), 1994.

井谷　惠子、体力づくりからフィットネス教育へ―アメリカの体育教育と身体づくりの責任―、明石書店、2005年.

Ketelhut, K. & Bittmann, F., Bewegungsmangel im Kindalter—Sind Gesundheit und Fitness heutiger Kinder besorgniserregend?, Sportunterricht 50(11), 2001.

Masurier, G. L. & Corbin, C. B., Health-Based Physical Education, International Journal of Physical Education 32(2), 2002.

Ministerium für Schule und Weiterbildung, Wissenschaft und Forschung des Landes

Nordrhein-Westfalen, Richtlinien und Lehrpläne für die Grundschule in Nordrhein-Westfalen Sport, Ritterbach Verlag GmbH, 1999.

Naul, R., Hoffmann, D. et al., PISA-Schock auch im Schulsport? — Wie fit sind finnische und deutsche Jugendliche?, Sportunterricht 52(5), 2003.

Schneider, F. J., Rivision des COOPER-Test—Ein Normierungsversuch für das Gymnasium, Sportunterricht 51(5), 2002.

Ungerer-Röhrich, U., Mehr von der "Bewegten Schule", Sportunterricht 52(4), 2003.

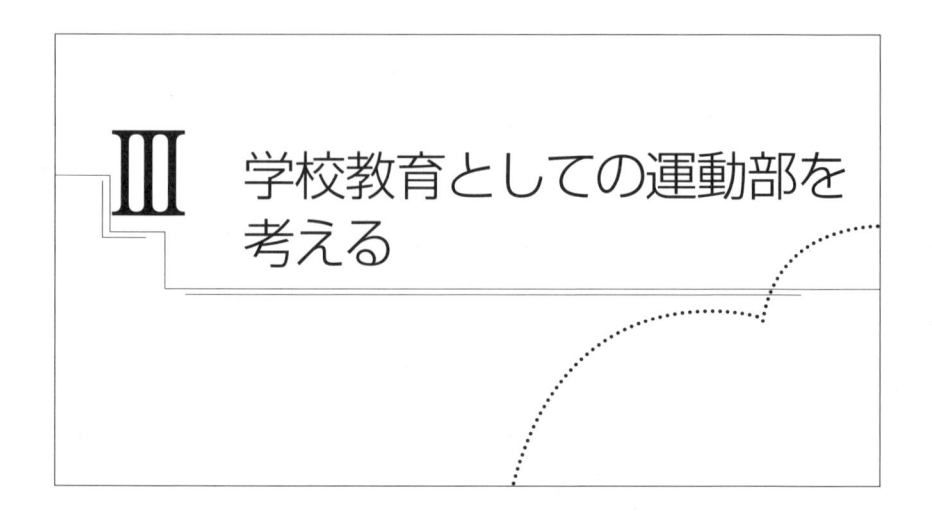

III 学校教育としての運動部を考える

1．運動部と地域の「子どもスポーツ」の体質

(1) "過熱"する運動部活動

　いまから約20年前、1986年11月に筑波大学で開催された日本体育学会第37回大会の体育管理専門分科会のシンポジウムで、運動部問題が取り上げられている。勝利至上主義に起因する運動部活動の過熱ぶりについて、"学的"なメスが入れられ、本格的に議論されるようになったのは、その頃からと思われる。

　そのときの問題提起者によれば、中学生の全国大会に出場するようなチームは、スポーツ種目を問わず、毎日練習をし、夏休みも冬休みもないのか当たり前であり、ほとんどの日曜日には公式戦か、それに向けての練習試合をしている。1日の練習時間はおしなべて2～3時間、体育館でできる種目だと4時間という例もあった。したがって練習は、当然、薄暮、夜間におよぶ。大きなタイトルが射程距離にないごくふつうの運動部でも、1週間あたりの練習日数が5日以内などというのは、数パーセントにしか過ぎない。それでも練習が足りないと、学校によっては、始業前の早朝練習が常態化している。連日の長時間練習に明け暮れする子どもの運動部生活は、実に弊害が大きいということであっ

た。

　その当時でも、まず医学的見地から、運動のやり過ぎが指摘されていた。1985年度の日本体育協会スポーツ科学研究報告は、専門医の研究結果から、この点を明確にしている。中学生運動部員の10人に1人は、なんらかの運動による外傷もしくは障害で治療中であり、そのうち約3割は転倒・ひねりなどの外力によるものであるが、同じく約3割は投げる、跳ぶなどの小さな力の繰り返しによるものであるという。すなわち、後者は野球ひじ、ジャンプひざの類であり、要するに身体の特定部位を使い過ぎた結果であり、それさえなければ、防げたと"診断"されていた。

　長野県の養護教諭による同県下全域の中学校を対象にした同じ時期の調査でも（長野県教組養護教員部、1985年）、医師の診断を受けた運動部員の、身体の一部の過度の使用に原因すると見られる障害が、高い割合で報告されていた。すなわち、その内訳は、およそ、貧血5割、オスグット・シュラッター病（成長期に起こるひざの使い過ぎによる疼痛性障害、スポーツが原因することも多い）3割、椎間板ヘルニア1割、そのあとに疲労骨折、腰痛症、尾てい骨痛、ひざ関節損傷などが続いている。

　以上のような中学校の運動部活動ならびに運動部員のスポーツ障害の状況が、まったく解消されているという統計は、現在でも見当たらない。さらにその長野県教組の調査から、看過することができないのは、教育の現場にいる養護教諭ならではの、次のような指摘である。こういった運動部員の様子も、大なり小なりいまでも存在する。

　練習による疲労が激しく、朝から「疲れた」「だるい」と訴え、授業中にいねむりをする子どもがいる。そのような身体の調子なので、保健室で休養させたりし帰宅させたにもかかわらず、放課後の部活動には出てきたりする。早朝練習に食事ぬきで参加したり、練習で時間が取れずに、学校の定期健康診断の結果、必要とされた検査や治療にすら行けない子どもまでいる。そのように"非人道的"なまでに、練習を強制する部活動であるから、管理主義的体制があり、し

ごき・体罰、厳しい"上下"関係があるだろうことは、容易に想像がつく。廊下ですれ違うときの大声でのあいさつは、教師に対してではなく、部の先輩に対してである。レギュラーになれるかなれないかで、生徒間にあつれきが生じたり、指導者不信が起こったりもする。

それでも「勝てば官軍」で、当該部活動担当の教師は、自分の指導方針を是とし、またそれを繰り返す。勝ちさえすれば、ある意味では、「教育者」たりえるのである。

しかし、少し冷静に考えれば、そのような運動部の指導は、極端に自己犠牲的で、労働過重であり、しかも本務であるはずの授業や学級運営がおろそかになっているかもしれないのである。子どもの側から見ても、教師の側から見ても、「勝つ」ことのみに直結させた運動部活動は、明らかに教育の場にふさわしくない状態にある、といっても過言ではない。

(2)「子どもスポーツ」が抱える問題

多くのスポーツ指導者は、練習した時間と量だけ、スタミナがつき、スポーツの技術が高まり、それと平行してハードトレーニングと罵倒が不可欠と考えているふしがある。また、「勝つ」ためには、"上意下達"の体制が必要であり、体罰・しごきも当然といった風潮もある。多くの中学校・高等学校の運動部では、それが連日繰り返され、子どもにしてみれば、スポーツ以外の他の文化にふれることもなく、スポーツ以外の場では、友人もいないのである。そのようなスポーツ環境と日常生活が、人間形成にとってよいはずがない。スポーツを、非行防止の抑止力と信じている指導者がいるようだが、それは、スポーツ以外になにもする暇を与えていないことの裏返しで、人間を育てるいとなみとは、まったく異なる。

スポーツ強国であった旧東ドイツ（以下、「東ドイツ」と略す。）の「強さの秘密」は、青少年スポーツ学校にあった。東ドイツの子どもの８割が参加していたという地域スポーツクラブからスカウトされた将来の競技選手のための学校

である。そういった「特別学校」でも、普通教育が保障され、スポーツのみに凝り固まる人格発達上の偏りを排していたとされる。そして、スポーツと「命令」は、相容れない、これは言を待たない鉄則だと聞いた。公的には、子どもの発達上の問題はないとされていた青少年スポーツ学校ではあるが、視野の狭い人間に育つことを懸念する教員養成大学の研究者もいた。日本の運動部は、いうまでもなくその学校の子どものみが参加する教育活動である。社会主義国の競技選手養成学校以上に、豊かな人間形成に配慮しなければならないはずである。

　そもそも小・中学生のうちから、特定のスポーツばかりやらせることは、円満な身体の発達にとってよくないことはいうまでもないし、器用な身体にしていくうえでも、問題が大きい。野球やサッカーばかりをやってきた子どもは、走ったり、跳んだりできるだけで、力に乏しく、かえって不器用さが目立つときがある、という中学校体育教師の報告もある。

　近年、地域の少年サッカーチームが増えている。しかしそれも、学校のサッカー部から見れば、所詮「異端児」である。したがって、新興勢力の地域チームの学校の運動部にたいする対抗意識はすさまじい。練習をする場所や時間の条件が、学校より悪い分を取り戻そうと、いきおい練習や試合をやれるときは、最大限やろうとしがちになる。平日にはナイターで、土曜日、日曜日には4、5時間も練習したり、終日何試合もやったりして「力」をつけようと、やっきになる傾向が散見される。

　以前からある子どもの地域スポーツの筆頭は野球と思われるが、この方は、その非科学的トレーニングと暴力的コーチングが問題視されてから久しい。

　子どもの側から見れば、学校であれ地域であれ、スポーツの場があることはよいことのように思えるのだが、教師が一枚かんでいる運動部と、そうでない地域スポーツとが矛盾をきたしている笑えぬ実話もある。何年来もある小学校のグラウンドを、日曜日に専有的に使用していた地域の少年野球チームと、その学校に新しく赴任してきた教師がつくったサッカー部との間で、グラウンドの使用割

当てをめぐってトラブルが生じるなどの例である。

さらに別の地域スポーツの問題として、日本体育協会傘下の〈スポーツ少年団〉についても、一言しておく必要があろう。このスポーツ少年団は、その活動の一環として「奉仕」活動に子どもをひっぱり出し、団体訓練や全国大会には自衛隊の「協力」を得たりする体質をもっている。ここまで行くと、子どもスポーツの組織化は、体制維持機構のためなのかと、疑いたくなってしまう。

子どもの地域スポーツには、学校の運動部とはやや異質な問題も横たわっていることを認識しておくべきであろう。

(3) 運動部と「子どもスポーツ」発展のために

1998 (平成10) 年に改訂された中学校学習指導要領において、運動部の活動は、「第1章総則第1の3」で体育・健康に関連づけられ、教科・保健体育の「指導計画の作成と内容の取扱い」では、学校において計画する教育活動として扱われている。中学校学習指導要領解説・保健体育編（文部省＜当時＞、1999年）は、勝つことのみをめざす活動をいましめ、休養日や練習時間の適切な設定に留意すべきとしている。2008 (平成20) 年の改訂では、中学校の部活動は、「学校教育の一環として、教育課程との関連が図られるように留意すること」になった。長い間、運動部活動を学校の教育活動として不十分な位置づけをしてきた学習指導要領にしては、かなりの前進である。

いまそのことの経緯について論ずる余裕はないが、とりあえず、現在のようなわが国のスポーツ条件の中では、運動部活動は、学校教育の一環として発展させるべきであるという私見だけは、明確にしておきたい。子どもの興味・関心にもとづくスポーツの場といえども、地域だけでは足りないし、種目的にも偏っているので、学校に運動部がある意義が大きい。

わが国の子どものスポーツ活動は、繰り返しのべたように、やり過ぎの傾向が大きい。本章の冒頭で紹介した約20年も前の日本体育学会のシンポジウムにおいてさえも、日常的な活動は週あたり数日にし、それも短時間にしてだれもが参

加できる運動部にし、将来の競技者をめざすようなスポーツの手だては、別に考えるべきではないかという趣旨の意見が、複数出されていた。偶然だが、私が見聞した東ドイツのやり方は、それに近かった。ヨーロッパの子どものスポーツは、一般にそうである。子どもの健康や楽しみ、健全な余暇活動としてのスポーツが、なぜ毎日のように練習しなくてはならないのか不思議である。

子どもの運動部活動やスポーツに対する不安・不満は、勇気をもって、親が、学校や地域で出しあうことが大切である。そこから、新しい子どもが主人公のスポーツを、創造していきたいと思う。

2．PTA活動をとおして見た運動部活動

(1) 子どもの部活動に対する期待と不安

もうすぐ中学生という小学校6年生に、「中学生になったら何が一番やりたいか」を担任教師が質問したところ、1位「部活でがんばりたい」、2位「友だちをいっぱいつくりたい」、3位「勉強をがんばる」だったというアンケート結果を新聞で読んだことがある。

神戸市のある公立中学校のPTAが学校や生活のことについて保護者と子どもにいろいろと聞き、その結果を、先生も交えた会合である「地区別懇談会」の資料としてまとめたプリントが、私の手もとにある。それによると、全学年をとおして中学生が「楽しい」と思うときは、1位「友だち関係」、2位「部活」、3位「趣味・娯楽」、「つらい」のは、1位「部活」、2位「友だち関係」、3位「勉強」、であった。親と子どもの家庭における「対話」の内容も、学校での出来事・先生のこと、進学問題、新聞・テレビなどで話題になっていることを除くと、部活、友だちのこと、勉強についての3つがほとんどであった。

子どもは部活動に大きな期待をしながら中学校に入ってくるが、入学してからはその部活動が子どもの「楽しみ」である反面、勉強、友だちのことよりも「つらく」、親と子どもの悩みの種になっている場合が多いということである。

実は私は、その調査をした神戸市立中学校でPTA会長を1989・1990年度とやっていた。この学校は、ごくふつうの住宅地域にある、神戸では平均的規模の中学校である。そのようなありふれた公立中学校でも、私がPTAの会長とその前に監査役をしていた計3年間、「校則」と部活のことが話題にならない月々のPTAの定例会はなかったといっても過言ではない。
　以下、そのときの経験をもとにして、親の立場から見た部活動（主として運動部活動）の問題点を明らかにし、部活動改革の方向性について考えてみたいと思う。

(2) 親の部活動に関する意見分布

　時の流れというべきであろうか、あるとき「学校のきまり」について家庭の意見を聞きたいという校長からの働きかけがPTAにあった。その要請を受けて実施したアンケート調査には、当然のように、部活動に関する意見聴取も入れようということになった。その結果は、部活動については「現行のままがよい」54.5%、「考える必要がある」33.0%、「よくわからない」12.5%の意見分布であった。父母は現在の部活動の抱えている諸問題について、一見"鈍感"である。
　しかし、阪神・淡路大震災（1995年）以前の神戸市では、ほとんどの公立中学校で男子生徒へ頭髪の"丸刈り"が「強制」されていたが、いまからすれば、こっけいなほど時代錯誤なそのような規制にたいしてさえ、「現行のままがよい」が50.9%もいるのが、残念ながら私のまわりにいた親の"保守性"であった。そういった多くの親の学校にものをいわない体質の中では、服装・所持品などに関するこまごまとした「校則」への現状是認傾向とくらべると、部活動の現状にたいする改善要求は、丸刈り強制をやめてほしいという意見と同じくらい強いことが特徴であった。このことは、部活動の現状について「考える必要がある」という回答者の7割強が、自由記述欄に具体的な訴えをしている"真剣さ"からもわかる。ちなみに、「現状のままでよい」と「よくわからない」の回答者の中での自由記述率は、わずかに1.2%であった。

表III-1 親の部活動改善要求

内　　容	人	％
1. 全員部活動加入制を廃止 　（自由に転部できるようにも含む）	44	21.4
2. 練習時間（拘束時間）が長すぎる 　（平日、土・日曜、夏休み・冬休み・ 　　春休みにかかわらず）	42	20.4
3. 早朝練習の廃止	20	9.7
4. 指導（者）の方針への不満	15	7.3
5. 部の新設（サッカー部など）	14	6.8
6. 施設の増設・改善	13	6.3

（神戸市立某中学校の例）

注）全校生徒数765人（1990年度）。％の分母は、部活動の現状を「考える必要がある」と回答した206人。

　その「考える必要がある」中身として書かれた改善要求を、内容的に分類したのが表III-1である。連日の長時間練習と早朝練習があるから、部活動への全員加入制度に反対する意見が出てくるのだと思う。指導（者）の方針への不満も、そういったことと関係している。要するに、1位から4位まではお互いに絡みあっており、いずれも年がら年中、早朝から夕方暗くなるまで子どもばかりでなく家庭全体の生活リズムを狂わせている部活動の問題である。5、6位の回答も、その数（種目）を増やし、施設をよくして部活動をもっと活発にしてほしいという意見ではなく、いい加減な物理的条件にもかかわらず、生徒全員に部活動を課している学校にたいする批判的意見である。

　親は、そのような運動部活動をしている子どもの日常を、次のように観察していた。「くたくた、しんどそう」「勉強との両立が大変」「疲れて勉強も食事もできない」「朝、疲れている」「朝、練習がきつそう」「かえって健康に悪いのでは」「友だち関係がよくない」「先輩の仕打ちに問題がある」「レギュラーとの扱いの格差が大きい」「楽しくできる部活動ではなさそう」……、それらも本節(1)で紹介した「地区別懇談会」資料用の調査に寄せられた生の声である。子どもが部活動をしている親の心配は、勉強との両立だけでなく、生活リズムの乱れ、

健康、人間関係にまでおよんでいるのである。

　もちろん親の中には、「子どもは楽をさせるより、全員を部活動に参加させたほうがよい」「そのときは苦しくても、将来、部活動はよかったと思い出せる」などと現状をよしとする意見がないわけではなく、「まじめにがんばっている」「楽しそうにやっている」とわが子の運動部生活にあまり問題を感じていない親もけっこういた。しかし、耐えることやがんばることばかりを強調するのは、そもそも教育論として問題である。子どもが勉強そっちのけで、運動部だけをまじめにやり、楽しんでいるとしたら本末転倒である。やはり、問題のところを指摘した父母の発言が、部活動改革のよりどころとなるべきであろう。

(3) 教師の部活動に関する考え

　別の機会にPTAのとりくみとして、部活問題で先生方に個別にインタビューしたこともある。その結果を報告した印刷物から、部活動をとおして子どもたちに期待されている事柄を引用してみよう。①努力、②礼儀、③集中力、④協力、⑤正しい生活習慣、⑥思いやり、⑦連帯感、⑧自主性、⑨社会のルール、⑩スポーツのおもしろさ、⑪日常できない体験、⑫生きる力、⑬個を見つける、⑭無断欠席をしない、であった（順不同）。

　運動部では⑩は当然のこと、部活動には学年を越えて"同好の士"が集まるわけであるから⑪も半ば当たり前である。その２項目を除くと、どれをとっても社会生活で大切な"資質"ばかりである。たて前としては、文句をつけようがない。しかしそのイメージには、運動部特有の上意下達の組織、ハードトレーニングにおける、「がんばりぬく」「耐える」「助け合い」「一致団結」「個人より全体のため」「決められた規則は守れ」がつきまとっている。運動部には"勝利至上主義"とともに、指導者の意識の中にあるそのような"徳育主義"の問題も小さくないと、私は思う。"朝練"（早朝練習）も、①生徒は自主的かつ積極的、②時間の大切さを体得する場、③短時間ではあるが習慣としてやっている、と先生方には"きれいごと"になっていた。しかし〈全員部活制〉に対しては、

「熱心な生徒とそうでない生徒の格差が大きい」と、問題視している様子がのぞいたりもしました。

　私は、先生方の"きれいごと""徳育主義"発言の裏には、そのときのインタビューではさすがに聞けなかったが、部活動のもつ「非行抑止力」への期待が大きいと推察している。「勉強はできないが、スポーツの得意な子どもの生きがい」などというのも、その亜種である。部活動で余計なことをしたり、ゴロゴロしたりする時間を奪っておけという発想である。そしてどこかの部が、何かのタイトルでも取ってくれたら万々歳である。学校名に傷がつくことを恐れ、学校名が売れることを光栄とする管理職に多い発想である。

　しかしそういう発想をする先生ばかりなら、学校の中で〈全員部活制〉にたいする批判が聞けたりはしないだろう。学校の"荒れ"対策に管理職が部活動を利用し、先生がそれに振りまわされているとしたら、犠牲者は部活動にからだと心をゆがめられている子どもということになってしまうのである。

(4) "教育の論理"で部活づくり

　PTAの議論では「校則」のような問題になると、よく意見が２つに分かれる。旧聞になるが、"丸刈り"問題を例にすると、「身体の表現の自由を侵す人権侵害の疑いがある」といえば、「母親が電気バリカンで頭髪を刈ってやるときほど、親子の情愛を感じるときはない」という「反論」があるという具合である。部活動についての議論もこれと似ており、意見が現状是認派と批判派の２つに分かれる。

　しかし私にいわせると、いまの学校で「校則」や部活が父母の間で議論になるということ自体、すでに管理主義教育が批判されていることである。少なくとも私の経験では「校則」や部活動の現状に関しては、「規則は規則」という側よりも、"拘束""梗塞"を批判する側に理があることはたしかである。いろいろな意見があるから問題を先送りするのではなく、問題のところをリアルに見つめ、"教育の論理"で解決しようとする姿勢こそ、親にも教師にも求められている。

そうでないとせっかくやった調査も、できれば自分の在任期間中は現状を改めたくない優柔不断な管理職に好都合に利用されるだけである。

"教育の論理"で考えると、何といっても全員を部活動に加入させるルールをつくっている学校は絶対におかしい。そもそも部活動は、自由参加で自主的な活動であるところに存在意義がある。毎日、放課後まで学校に子どもをしばりつけることは、子どもが自分の意志で自由になる時間を計画的に過ごす力を学校が摘み取ることになりかねない。〈全員部活制〉のもとでは、地域で、学校の部活動にないスポーツ種目や文化活動をしたい子どもはどうすればよいのか。

健康や楽しみのためのスポーツなら、週２、３回、各１時間半以内で十分である。もちろん、早朝に練習して、また放課後に練習する必要などない。子どもの生活リズムを乱し、勉強の妨げになり、翌朝まで疲れが残り、スポーツ障害を引き起こすような運動部活動は猛省されるべきである。大切なことは、あの学校の生徒はスポーツに主体的にとりくみ、自分で考える力をもっていると感じさせる部活動だと思う。

私は、運動部育ちの体育教師である。部活動をとおして、教室の授業では得られない多くのものを得た。よい友人もつくった。その私でさえ、そのようなことをいわざるをえないほど"過熱"しているのが、現在の中・高校の多くの運動部の状況である。運動部をいますぐ社会体育化しても、"勝利至上主義""徳育主義"の問題はそのまま残る。子どもが主人公のスポーツ活動の範は、まず学校の部活動が示すべきではないだろうか。そのために、親と教師のスポーツに関する良識が結びつき、大きな変革の力になるように期待したい。

3．運動部活動と「子どもスポーツ」の功罪

(1) 運動部小史と運動部研究の動向

日本の学校運動部の歴史は、明治時代に外国人教師が持ち込んだスポーツ活動にまでさかのぼる。そのような運動部が、戦後の教育改革に伴い、1947(昭和

22)年の学習指導要領一般編において〈自由研究〉の一形態としての「クラブ組織」に位置づいた。1951(昭和26)年に改訂された学習指導要領一般編では、中・高校に「特別教育活動」が設けられ、運動部などの活動はその中に含まれるようになった。基本的には、学校の教育課程の中に組み込まれた教科外活動の中に「クラブ活動」として運動部活動も位置づけられたのである。その体制が崩れたのは、1968(昭和43)・69(同44)・70(同45)年の学習指導要領の改訂からである。中学校の部活動は、2008(平成20)年の学習指導要領により、学校教育の一環として、教育課程との関連が図られるようにと、総則に明記された(本章1.(3)を参照)。この間、30年以上も、学校体育と社会体育の狭間で揺れ動いてきた運動部ではあるが、中学校では62％、高校で49％が所属しており、ともに80％以上が「楽しい」と感じている(中学生・高校生のスポーツ活動に関する調査研究協力者会議〈文部省：当時〉『運動部活動の在り方に関する調査研究報告』、1997年)。

　その一方で、優勝請負人の監督がおり、選手の県外や遠方への「留学」、外国からの留学生による強化も珍しくない種目もある。早い子どもは中学校の部活動で燃え尽きてしまい、それから先、スポーツをしなくなる。スポーツにおける〈バーンアウト〉現象である。しかも事態はそれにとどまらず、運動部活動が原因で不登校になる事例があり(文部省『問題行動白書』、1998年)、スポーツ少年に本格的な心理療法まで必要な事態も起こっている。

　このような運動部問題が、世に問われるようになったのは比較的新しいことであり、体育・スポーツの世界の外からのほうが、歯切れのよい印象がある。今橋ら(1987年)、城丸ら(1991年)が教育学的立場から、武藤(1989年)が身体発達の立場から、高澤ら(1994年)がスポーツ障害の視点から問題提起をしてから、まだ20年足らずである。四国スポーツ研究会による少年スポーツの「光と影」の指摘は1992年であり、体育研究者による比較的早い時期における運動部問題の提起であった。2004年には文部科学省が、上で引用した1997年の調査と同じような内容で「運動部活動の実態に関する調査研究」に乗り出した。しかしそ

の後、運動部改革を文部科学省が主唱している事実はない。

(2) スポーツの教育機能の二律背反性

　幼児・小学校低学年をスイミングスクールや体操教室にわが子を通わせている親の気持ちは、一般に、運動技能習得というより集団の中でたくましく育ってほしいのである。そういう気持ちは、兄弟がいる子どもの親より、「ひとりっ子」の親のほうが強い傾向もあった。中・高校時代に運動部経験がある大学生に「運動部で学んだこと」を聞いたところ、「精神力・根性」「協調性・社会性」「健康・体力」がそれぞれ30％以上から挙げられ、相対的には「スポーツの楽しさ」15％より高率であった。小学校教諭、中学校体育教諭、養護教諭に対する調査でも、「『運動部教育』のねらい」として「人間形成」「友人づくり」「健康・体力づくり」はいずれもが80％以上から肯定されるのに対して、「スポーツの追求」は50％以下であった。上述したのは、この10数年間に筆者が実施した調査からの引用であるが、スポーツが子どものからだと心を育てることをいうために、わざわざそういうデータを持ち出す必要もないほどである。

　しかし現実には、高校に「ランクづけ」がない総合選抜学区のほうが単独選抜学区より、中学生の運動部活動に好都合と多くの教師は見ている。公立中学校程度の運動部でも、連日の練習による時間不足や疲労が、気力や集中力だけで克服できるほどあまくないということであろう。私には、公立中学校でPTA会長をした経験があるが、そのときに遭遇した運動部問題については、すでに「本章2.」でのべた。

　そのような運動部活動が抱えている諸矛盾は、多数決やわが子がどうかでその是非を判断しようとするのではなく、学校と指導者が教育の論理で解決方向を示すべきであろう。

（3）スポーツ組織と指導者の問題

　スポーツをしている小学校4～6年生に対して、「身体」「けが」「技能」「失敗」「敗北」「指導者」「仲間」「家族」の8項目についてストレスの有無を聞いたところ、約60％が何らかのストレスを感じており、そのことから、小学生のスポーツのかなりが遊びの延長どころではないと推定される。

　Jリーグの下部組織に属するサッカー少年は、小学校時代に、チーム、家庭・地域、学校のすべての生活と競技面において周囲との人間関係で調和がとれ、ゲーム面での判断能力にも優れていた者でも、中・高校生になるにしたがい、周囲との交流が苦手になり、ゲームにおける予知能力も減退し、利己的傾向が見えてくるとの報告がある。こういう「心のゆがみ」は、サッカーをしているからではなく、どんなスポーツ種目をしている子どもであれ、そのクラブの方針、コーチ陣の指導のしかた、子ども同士の関係、親の期待度などにより、起こりうると考えるべきである。

　自我に目覚める小学校高学年から中学生ぐらいになると、スポーツ少年でなくても扱いにくくなるのは当然である。自分の競技能力を客観化できるようになる高校生ぐらいになれば、スポーツの継続に対する不安も大きくなる。サッカーの日本代表選手の育成をめざして創設された中高一貫校・JFAアカデミー福島では、そのあたりをどう克服するのか、見ものである。

　運動部であろうと地域のスポーツであろうと、またその競技レベルを問わず、チームとコーチの方針に従順で技量の高い子どもだけが「よい子」ではないのである。

（4）健全な「子どもスポーツ」発展のために

　転倒した選手が立ち上がらないので、様子を見ようと駆け寄ったレフリーに、「反則を取れ」とどなるようなサッカー選手が高校生にもいる。一部のプロ選手の行いが、悪い見本になってしまっているのである。サッカーで「取られたボールは取り返せ」を教え込むのは、マン・ツー・マンのマーク法に反する。ベンチ

からの「蹴れ」の指示は、味方へボールを繋ごうとする意思をそいでしまう。失敗しても、考えた動きやパスは評価する指導が子どもには大切である。学校でも地域でも、スポーツ指導者はフェアプレーと"考えるプレー"を徹底させてほしいと強く思う。

「勝利至上主義」が批判されると、「『勝つ楽しさ』を教えている」などという部活指導の教師がいる。そういう教師のもとでは、得てして、「勝つ楽しさ」が味わえない部員が、「勝つ楽しさ」を味わえる部員の何倍もいるものである。

子どもは、スポーツ以外の文化と仲間にも触れながら、成長しなければならない。「野球校」へ「留学」させたり、子どものゴルフのためにゴルフ場近くへ移住するなどは、やはり「ふつう」ではない。学校選択の自由などといってよいか、大いに疑問である。

阪神大震災のとき、被災地の子どもは、遊びやスポーツで元気を出した（Ⅳ章3.を参照）。運動部の活動再開は、早かった。学校に避難していた市民の間には、スポーツ活動が自然発生した（Ⅵ章2.を参照）。スポーツは、本来、人間の欲求に根ざした自然な活動である。遊び感覚でスポーツを楽しめ、スポーツを生涯の友とする素地をしっかりさせる「子どもスポーツ」が、学校と地域にもっと多くなればと思う。

(5) 運動部の現状から国民スポーツの発展を考える

運動部もまた、「少子高齢化」のあおりをくっている。スポーツをする当人である子どもが減り、指導する教師も少なくなり、かつ高齢化している。こういう状況もふまえて、「合同部活」「外部指導者導入」が試みられている。「総合型地域スポーツクラブ」と学校スポーツを一体化しようとする動きもある。たしかに、学校間、学校と地域の垣根を、ことさら高くする必要はない。しかしまず、運動部は、学校の教育としてきちんと機能するようにすべきであろう。

運動部は、欧米にはない形態で定着した日本の学校スポーツである。運動部指導の第一線でがんばっている教師やその事情がよくわかっている校長は、決し

て運動部の社会体育化推進論者ではない（全日本中学校長会生徒指導部『〈部活動の実態及び在り方〉に関する調査結果報告』、2001年）。

　時代は、〈生涯スポーツ〉〈スポーツライフ〉の体制づくりを求めている。ここで論じた運動部問題は、健康・体力づくりや運動する楽しさを求める教育的なスポーツ活動とは矛盾している。

　スポーツはできる条件のある人の独占物ではなく、やりたい人はだれでもできる身体文化として発達させるべきである。その意味では、スポーツする権利は、憲法で保障された教育権や健康で文化的な生活をいとなむ権利に属する。この思想を国民の中に浸透させるためにも、学校の運動部と子どもの地域スポーツから「やり過ぎ」の弊害を取り除くことに着手したいと思う。

【参考文献】

今橋盛勝・藤田昌士ら、『スポーツ〈部活〉』、草土文化、1987年.
広瀬統一ら、「サッカー少年の心とその発達」、『子どもと発育発達』2(1)、2004年.
岸本　肇、「運動部活動の実態と教育問題に関する考察」、『児童発達研究』7、2004年.
武藤芳照、『子どものスポーツ』、東京大学出版会、1989年.
四国スポーツ研究会編、『子どものスポーツ、その光と影—生涯スポーツに向けて—』、不昧堂出版、1992年.
城丸章夫・水内宏（編）、『スポーツ部活はいま』、青木書店、1991年.
高澤晴夫（監）、『スポーツ障害から子どもを守る本』、世界文化社、1994年.
田中雅人、「スポーツと子どもの心」、『子どもと発育発達』2(1)、2004年.
土屋基規・船寄俊雄ら、「高等学校の入試制度および通学区制度の社会的心理的影響に関する調査研究」、『神戸大学発達科学部研究紀要』7(2)、2000年.

IV 遊び・スポーツとからだづくりの地域環境づくり

1.「昔の子ども」のイメージで子どもを育てる

(1) 遊び不足は"人間離れ"をもたらす

　人間は外界に能動的にはたらきかけ、外界からのはたらきかけを受け、自己の中に生じた矛盾を克服しつつ発達する、といわれている。

　子どもにとって、外界とはなんだろうか。私は、文字どおりの外界、自然だと思う。

　それでは、子どもと自然との接点は、どこにあるだろうか。私は、遊び以外に何もないと思う。

　子どもは遊びの中でさまざまな実体験をし、心身の内的葛藤を克服しながら発達していく。けんかの1回や2回、子どもにとっては、むしろ貴重な勉強である。野山を駆け、つかまえた昆虫を飼い、採集した草花で飾り物をつくることが、子どもの知識を拡大し、整理していく。このように、遊びをとおして、自然をとおして、子どもは社会と人間とのかかわりを学ぶ。子どもの心身の発達にとって、遊びはなくてはならないものである。

　そう考えると、運動ができない大きな原因である遊び不足は、たんに"運動

神経"がにぶくなる、体育がきらいになるだけで、片付けられる問題ではない。"人間離れ"の兆候といっても、決して過言ではないのである。早期能力開発、過度の受験準備教育、知育偏重は、日本の子どもの"人間離れ"現象に拍車をかけていると認識すべきだろう。

(2) 昔の子どもの生活と遊び
　1) グアテマラで見たマヤの子どもの生活——早寝早起き、自然食、労働
　1999年7～8月、私はJICA（現・国際協力機構）の「教育専門家」として、中米のグアテマラを訪れた。国連で、最貧国に位置づけられている国である。
　日本は、今世紀半ばに65歳以上人口が3人に1人の超高齢社会になるが、その頃のグアテマラは、いまの子どもが労働適齢人口になって溢れかえっている。子どもが多いといっても、子どもは安全に生まれ、育っているわけではない。1999年当時の資料によると、グアテマラの乳児死亡率（1,000人対）は58.0で、日本の終戦直後の混乱期1950年並みであった。ちなみに日本の乳児死亡率は、2004年現在、2.8と世界最高水準である。
　以上からだけでも、グアテマラの子どもが、いかに守られていないかがわかる。しかし逆に、かの国の山村に居住するマヤの子どもが、現在の日本にはない健康生活を送っている印象も同時に抱いた。
　トウモロコシ粉を薄く円く焼いたトルティーヤ、タロいも、豆類、食用バナナなどの常食は、なかなか栄養のバランスが取れ、ビタミンもそれなりに充足されているようであった。私が小学校低学年当時、すなわち戦後間もなくの神戸の子どもには、「はたけ」「しらくも」と俗称された皮膚疾患（白癬や疥癬のことか）や「できもの」が多かった。衛生状態だけでなく、栄養摂取の悪さとの関係もあったはずであるが、そのようなマヤの子どもは、まったく目につかなかった。眼病で赤い目をした子、耳だれの子も、私が子どものときにはよくいたが、マヤの子どもにはいなかった。
　私は行く先々のマヤ族の居住地で、子どもに生活パターンについて質問して

みた（その多くの場合、日本語→スペイン語→マヤの言葉と通訳してもらい、回答はまたその逆をたどって返ってくる）。かなりの村に、まだ電気が通じていない。そういう地域の子どもは、やはり早寝である。小学生は、午後7時半とか8時に就床する。朝は6時起床という返事が多かった。学校から帰宅後の生活に関する質問には、遊びより前に、お手伝い、仕事という順で答えが返ってきた。内容は、農作業、魚労、子守り、食事の準備・後始末などである。グアテマラの学校でも宿題はあり、小学校中・高学年に聞いたところでは家庭学習は1時間とか1時間半ぐらいのようであった。2時間以上は聞かなかった。

ラジオは電池で聞けるから、ほとんどの家庭にあるらしいが、テレビは電気が通じていない地域の家庭にはない。したがって僻地のマヤの子どもには、テレビで時間を過ごす行為は当然ない。

マヤの子どもの体格は、日本の子どもよりも劣る。公務の合間に実施した運動機能テストでは、立ち幅跳び、「跳び上がり一回転」（直径40cmの円内で、左または右へ一回転する）のような瞬発力を要するスポーツ的な運動は、測定を手伝っていただいた先生も含めて苦手であった。しかし「棒反応」（50cm程度の細い棒を、検者が利き手の親指と人指し指の間に落下させ、すばやくつかませる）、「タッピング」（鉛筆で30秒間、打点する）は、「狩野式運動能発達検査法」（狩野広之：運動能の発達と同検査法の標準化（その1）（その2）、『労働科学』29 (11)、1953）の年齢別基準をクリアしていた。全体として、"スポーツ的体力"の発揮には抑制がかかっているが、労働に必要な器用さや動作は生活の中で自然成長しているという印象であった。

マヤ族は、数万年前から1万5千年前の大昔に、当時ユーラシア大陸と陸続きになっていたベーリング海峡からアラスカに入り、南米の南端にまで達した人々を遠い祖先とする。簡単にいえば、マヤ族はモンゴロイド系である。だから顔、体つきはわれわれとよく似ている。早寝早起きで、それなりの働き手でもあった日本の"昔の子どものイメージ"を、マヤの子どもに見たのも当然であろう。

2）夕暮れまで外で遊ぶ

　子どもが小さいときは、スポーツというより遊びである。遊びには、全国大会をめざしたり、そのための猛練習などという発想はない。やりたくなければ、気に入らない子とであれば、やらなくてもよかった。気楽な集団であった。私が子どもの頃には、蹴り馬、肉弾などと呼ばれていた、人のつくった馬の上に跳び乗ったり、陣地取りをする「格闘遊び」をよくやった。やはり、上手な子と下手な子、強い子と弱い子、すばしこい子とそうでない子がいた。しかしそれぞれが自分の任務をもって、お互いがお互いをカバーしあい、だれもが平等にやれた。野球もどきをするときなどは、小さい子にピッチャーがゴロのボールや打ちやすいボールを近くから投げてやったりした。人の心を育てる集団でもあった。

　かつて子どもは、このようにして、いろいろな遊びをしながら心身を発達させた。昔の子どものせりふに、「夕焼け小焼けで日が暮れたら」「からすが鳴いたら」帰るがある。この言葉から、日没まで思う存分、腹ペコになるまで遊んだら、家でおいしく夕食をいただき、その後は集中して学校の勉強と明日の用意を済ませ、入浴したらバタンキュー、翌朝はまた元気一杯の子どもの姿が、連想される。

　本来、子どもは、そのようにして、たくましくかしこく育っていった。いわば、自然成長である。"昔の子どものイメージ"には、そういう意味もあるのである。

(3) 遊びに代わるスポーツの創造

　マヤの子どものような生活や、地域における子ども集団が崩壊した今日、かつての遊びの代わりをするものとしてスポーツへの期待は大きい。遊び感覚で、その子どもの体力と能力に応じて気軽に参加できるスポーツの場がほしいと思う。

　しかし日本の「子どもスポーツ」の多くは、学校の部活動も含めてそうはなっていない。昔の子どもを育てた遊びからほど遠い「勝利主義」がはびこってい

る。私の経験からしても、スポーツとスポーツの仲間は本当によいものである。理屈抜きの感すらする。しかし、そこに落とし穴がある。スポーツは、やりさえすれば、「善」であったり教育であったりはしない。日本の子どもの将来のために、子どもらしい生活とはなにか、子どものスポーツはどうあるべきかについて、真剣に問い直す必要があると思う。

2．小学生の地域スポーツ

(1) 活動の現状

　一昔前であれば、本格的にスポーツをはじめるのは、だいたい中学校の運動部からであった。しかし現在では、日本スポーツ少年団（以下、「スポーツ少年団」と略す。）に組織されている小学生だけで、70万人以上（2007年）もいる。日本の小学生総数は、約713万人であるから、おおまかにいって小学生10人に1人はスポーツ少年団に入っている計算になる。また、スポーツをしている小学生は、スポーツ少年団以外も含めるともっと多くなり、その倍ぐらいではないかと推定される。

　スポーツが、遊びの代替をし、子どもの発達によい影響をもたらしてくれることを願わない親はいないと思われる。しかし実際には、小学生の間にスポーツが広まるにつれて、その期待とは逆の現象も広がっている。そのことについて考える前に、ここで、小学生のスポーツ活動の現状について少し共通理解をしておきたい。

　スポーツ少年団は、東京オリンピックを2年後に控えた1962年に、日本体育協会（以下、「体協」と略す。）の50年記念事業として創設された、すでに40年以上になる民間のスポーツ団体である。2007年9月、全国1,625市区町村に設置されており、団数3万6,230、団員数93万7,817人、指導者数20万123人となっている。

　実施されている種目は60以上にわたる。軟式野球、ソフトボール、サッカー、

バレーボール、バスケットボール、ラグビー、ホッケー、卓球、バドミントン、軟・硬式テニス、剣道、柔道、空手、陸上競技、水泳、体操などから、ボート、ヨット、カヌーの水上スポーツに至るまで、冬季寒冷地ではスキー（ジャンプを含む）、スケート、アイスホッケー、他にウエイトリフティングやライフル射撃まで行われている。そうかと思うと、ポートボールのようにいかにも小学生らしいものもやられている。さらに、野外活動、山岳、ダンス、バトントワリングなど、チームスポーツのような勝敗の争い方をしない種目もある。スポーツチャンバラといった「新興スポーツ」もある。さらに、いくつかのスポーツをする「複分団」もある。小学生中心の組織とはいえ、スポーツ少年団で展開しているスポーツ種目はありとあらゆるという感じである。

　なお、スポーツ少年団は、その基盤が地域にあるものと学校にあるものとにおおまかに二分され、前者の地域少年団が約7割、後者の学校少年団が約3割の内訳になっている。統計上はっきりしないが、両者の中間的形態のスポーツ少年団もけっこうあるはずである。

　市や地域によっては、スポーツ少年団の活動とは区別された、小学校体育連盟（以下、「小体連」と略す。）主催のスポーツ大会が、毎年開催されている。学校によっては、中・高校と同じような運動部が小学校におかれている場合もある。しかし多くの場合、そう見えるだけで、その学校を基盤としたスポーツ少年団活動であったり、その学校の教師が社会体育指導者としてつくっているスポーツチームの活動であったり、小体連の大会めざしての練習であったりである。そのことは、学習指導要領が、運動部の活動に対してきちんとした学校教育としての位置づけを与えてこなかった制度的不備と関係がある（Ⅲ3.(1)を参照）。

　スポーツ少年団は、以前から存在している子どものスポーツ団体やクラブにも、加入を呼びかけており、最近では、国と地方自治体が一体となって推進している「総合型地域スポーツクラブ」づくりの中心的役割を担わされている場合もあるようである。しかし現実には、スポーツ少年団に加入する必要性も統合型スポーツクラブの一員になる必要性もない自前でしっかりした連合組織や大

会機構をもっているスポーツ団体もある。小学生のスポーツ活動といえども、以上のように一様にはいかない状況にある。しかし基本的には、スポーツはどこでやろうと、大人でも子どもでも、個人と組織の自由である。

(2) 小学生の地域スポーツにも問題が多い

　第Ⅲ章で論じた中・高校生の運動部活動にくらべると、小学生のスポーツ活動は土曜日、日曜日が中心であり、たいした問題はないように思える。スポーツ少年団の活動も、平均的にはそうかもしれない。しかしその一方で、見過ごすことのできない過熱状況が、小学生のスポーツをめぐってもある。連日、早朝練習している少年野球チームがある。サッカーはもちろん、バレー、バスケットボールなどの小学生の地域スポーツでも、指導者が、子どもに過度の練習を課しているケースを聞かないわけではない。

　なぜそうなるのか、一言でいえば勝ちたいからである。練習すれば、しただけ強くなると信じられているからである。少年スポーツクラブの多くは、"自分たちのチーム"として、地域のボランティア指導者の情熱と父母の支援態勢によって成り立っている。地方には、その町全体が少年野球、少年サッカー一色のところがある。小体連の年間行事の大会でも、全国的に見れば過熱している事例は多々ある。

　小学生の対外競技については、1979年の文部省通達で、原則として対外競技は行わない、行う場合でも同一市（特別区を含む、指定都市では区）、町村または隣接する市町村程度とされている。しかし、スポーツ少年団や競技団体傘下の、つまり社会体育の子どものスポーツクラブは、その拘束を受けない。全国大会もできるし、現に多くの少年スポーツの全国大会、関東大会や関西大会がある。小学生の地域スポーツは、その地域性のゆえに指導者も親も"熱狂"しやすく、学校の教師集団のようなチェック態勢もないところから、勝利主義的に暴走しやすい危険性をはらんでいるのである。

　また競技スポーツの統轄団体である体協のもとにあるスポーツ少年団は、一

面では否応なしにスポーツ・タレントの発掘機能も背負わされている。そのこと自体は、日本の競技スポーツが国際レベルであってほしいという国民の期待もあり、否定はできない。しかし私は、その国民の願いが、競技団体の業績や指導者の自己満足にすり替えられ、競技志向一本槍にエスカレートすることを恐れる。

スポーツに勝敗はつきものである。しかし、いかなるレベルであれ、勝利主義偏重、競技志向に傾くことは、心身ともに健康な子どもに育てたいとする「子どもスポーツ」の趣旨に反する。本当にスポーツが好きで、スポーツの意義を理解しているスポーツ指導者は、子どもに勝つための忍耐、服従、犠牲を強いることより、スポーツを楽しむこと、スポーツをとおして考えることを教えるはずである。

(3) 小学生のスポーツ活動のガイドライン

無理なくやれる小学生のスポーツ活動は、この程度でよいのではないかと、私は考える。

① 週2日以内
② 1回1時間半以内
③ 1つの種目のみに凝り固まらない
④ 試合は自分たちのクラブ内を原則とする

それだけスポーツをしても、学校には体育がまだ週2〜3回ある。毎日、休憩時間と昼休みにしっかり運動するようにしむければ、さらに運動の機会は増える。子どもが自分で考えて、1日2時間程度の運動をするように、学校と家庭・地域が協力してその体制をつくりあげるのがよいと思う。スポーツの才能教育を考えるのであれば、それは、別の次元でよいのである。

ほとんどのスポーツ指導者は、自己犠牲的に日夜奮闘している。それだけに、勝てば、それまでのやり方がすべてよかったとされる傾向が強い。しかし、遊びの延長線上にあるスポーツと、勝つためのスポーツとの区別がつかないようなス

ポーツ指導者は、その資格がないと私は考える。実際、放課後に、安全にサッカーができる場所だけを設定し、連日の参加を強制していない教師のサッカー指導者がいる。そういう先生は、子どもや親の勝利主義的発想を、むしろいましめている。遊びや他のスポーツも取り入れ、日曜日などの他流試合は最少限にし、どの子もチームの一員としてサッカーができるように自分たちの中での大会を工夫している。そのような子どもにやさしいスポーツ活動を発展させたいと思う。

3．スポーツ・ボランティアの活躍
　　——震災の被災地における子どものサッカー教室

　日本は、自然災害の多い国である。大きな地震や台風が過ぎ去った被災地に、全国からボランティアが救援活動に集まる時代になった。その先駆けとなったのは、阪神・淡路大震災ではないかと思う。しかし、まだスポーツ・ボランティアは珍しい。以下の引用は、『ぐろーばるスポーツ・兵庫』（新日本体育連盟＜当時＞兵庫県連盟機関紙147、1995年4月1日）に掲載されている、子どものサッカー指導をしたあるボランティアの手記である。民間スポーツ団体がとりくんだ貴重な記録として、紹介させていただく。

　　1月17日の地震以来、何か自分にできることはないかと思いつつ、実際には何もできずにいました。幸いにも自分の家に被害がなかったため、被災した人たちの役に立てたらと思っていました。われわれのチームの人では被災した人が数名。その中の1人の比較的自分の家に近い人の避難場所に食料などをもって行くくらいしかできませんでした。もっと他にチーム以外の人たちの役に立つことはないかと思っていましたが、自分の仕事などいろいろ忙しく、実現せずにいたのが現実でした。
　　地震から約1か月。サッカー教室の話が舞い込んできました。「これだ」と思いました。しかし、子どもにサッカーを教えるということに若干の不安もありました。
　　地震からまだ日も浅く、サッカーどころじゃないという人もいると思いますが、1

日も早くサッカーをしたいと思っていました。サッカーをすることで復興への第一歩としてみんなの元気な顔を見たいと思っていました。2月26日サッカー教室の会場である神戸市総合運動公園補助グラウンドに行くと80人ほどの子どもたちが集まっているのを見て驚きました。そして、子どもたちの顔を見るとみな元気そうで、楽しそうにボールを蹴り、追いかけているのを見てホッとしました。今まで子どもにサッカーを教えた経験がなかったのですが、子どもたちの元気な顔を見ていると、経験不足という不安は吹き飛んでしまいました。とりあえずサッカーを教えるというより、サッカーの楽しさを教えてあげよう、これからもサッカーをやりたいと子どもたちがサッカーに興味を持ってくれるようにしようと思い、子どもたちといっしょに楽しんだ。また、もともと子どもが好きということも手伝ってか、子どもたちともすぐなじむことができました。この1回のサッカー教室に参加して感じたことは、子どもたちは予想以上に精神的なショックは受けていなかったですが、長期にわたる避難生活や、遊ぶ場所の少なさなどでかなり鬱憤がたまっていると思いました。また、子どもたちの元気な顔を見ていっしょにサッカーをしていると、こっちも元気づけられ、これからも参加したいと思いました。

　3月4日の2回目の教室にも参加しました。このときは、灘区の西灘小学校で、ここは被災した人たちの避難場所になっており、グラウンドには、テントや被災者の車などが置かれていて、少し空いたグラウンドに約40人の子どもたちが集まってきました。教室の内容は、2回とも経験者・未経験者と上級生・下級生に分けて行いました。前半は基本的な練習を、そして後半はミニ・ゲームで予定時間2時間はあっというまに過ぎて、大まかなことしか教えてあげられないのが残念でした。子どもたちの中には、すごくうまい子もいて驚きました。この短い時間の中で、サッカーの楽しさを伝えるのは難しいことですが、練習というよりは、サッカー遊びをすることで少しでもサッカーの楽しさがわかってもらえたらと思っています。

　どちらも子どもたちの反応はよく、教室の終了間際になると、私の足や体にしがみついて「もう帰るの」「まだ帰らんといて」「もっとサッカー教えて」「また来てね」「またサッカー教えてね」と嬉しい事をいってくれました。この言葉を聞くと、自分自身の励みにもなりこれから頑張ろうと、また子どもたちのためにサッカー教室を続けようと思いました。また機会があれば、子どもたちとサッカーをしたいと思いました。しかし、被災した子どもたちはこの子どもたちだけではないので、もっと多くの子どもたちに教室を開いて元気づけていきたいと思います。

指導者も子どもも肩に力を入れないこういうスポーツ活動が、地域の教育力を高めていくようになればよいのにと思う。

4．遊び・スポーツ環境の変革を提言できる子どもに
——関東大地震当時の子どもの意見表明

阪神・淡路大震災について被災した子どもが書き記した作文が、多くある。被災校が発行している震災記録や文集で読める。本にまとめられている作文集もある。関東大震災（1923年9月1日）のときにも、子どもの震災体験がたくさん綴られている。

私は、阪神・淡路大震災と関東大震災のときの作文を読みくらべてみて（拙稿：子どもが綴る関東大震災当時の学校、体育、遊び－阪神・淡路大震災10周年によせて『児童発達研究』8、2005年）、興味ある事実に気づいた。まず、子どもが親・兄弟姉妹、友人の死に直面し、また自らの死の危機をとおして、生命の大切さと生きる喜びを学んだ記述が目立つのは、どちらの震災の場合も同じである。しかし、関東大震災当時の大正期の子どものほうが、いまの子どもより身体の鍛錬、遊び・スポーツについてしっかりと意見表明をしているのには、少なからず驚いた。

下の作文は、野球で身体を丈夫にし、国の発展と震災復興に役立ちたいという6学年男子の作文である。演劇や映画を見る暇があったら、身体を鍛えて明日に備えるべきであるという考えが形成されている点がおもしろい。

> 我が好む遊戯はたくさんあるが、その中で野球が一番すきである、……野球をすればじつとしないで駈け廻るからよい、運動になるばかりでなく試合は廣々とした處でやるから清潔なる空氣を呼吸するわけで自然體が健康になるのだから野球は有益である。
>
> 將來海外に雄飛し以つて帝國の發展に貢献しようと云ふ大任を持った當世の少年等が芝居を見たい活動をみたいといつてどうなるか。まして我懐かしい帝都は此度の大

震災を蒙り過半は焦土と化したそのいたましい帝都をもとより一層立派な帝都とするは我々少年の大任務である。
　しかし、なにをするにも體が丈夫でなくてはいけない、それ故芝居や活動に行く暇でもあつたら野球でもして體を丈夫にし此の大帝都復興の大仕事を成しとげよう。
（6年男子「我が好む遊戯」）

　関東大震災の際にも、阪神・淡路大震災のときのように、公園、空き地の多くは仮設住宅の用地に転用された。子どもは、「公園にバラック建った」「焼け跡にバラックができている」とか、場所名を具体的に挙げて「靖国神社のまわりはバラックで一杯」「日比谷公園にもバラック」などと書いている。こういう状況を目の当たりにした子どもが、震災復興に際して公園設置の要求をしている作文が上級生になるとかなりある。その中の2例を挙げる。

　帝都復興の第一歩には先づ道路の擴張改良を……。
　第二には兒童の遊園場である。東京市の兒童は全國中最も體重が少いと云はれて居る、何故ならば自由に活潑な運動が出来ないからである、戸外へ出れば自轉車、電車等、たへず往来して危險此の上もなく止むを得ず、屋内や狹い路地等で遊ぶことになる、交通機關の發達はよいけれど、之では甚だ困る、兒童の遊園場は是非多くありたい。
（6年男子「帝都復興に對する僕の希望」）

　僕が東京をつくるならこんな風にしよう。
　公園
　本所上野牛込芝に大公園を設け、各區に一つづゝ小公園を設けるであらう。そして野球庭球の出来る場所を五つぐらゐ設けたい。夏ならば多くの人を泳がせる事の出来る程の池も、ブランコも設け又動物も飼養するであらう。
（6年男子「復興の都」）

　上の作文は、地域における子どもの遊び場不足を、体格・体力問題とともに論じている。下は、野球グラウンド、テニスコート、プールなどの設置を提案したスポーツ要求である。

作文を書かせる教育には、良しにつけ悪しきにつけ、「やらせ」の側面がある。したがって、特に今回資料として用いた作文のように選りすぐられたもの（東京市学務課編纂『東京市立小學校兒童震災記念文集』（培風館、1924年）は、教師の目を経由した分、かえって当時の教育のあり方をよく反映していると思われる。そう考えると、阪神・淡路大震災のときの子どもの作文では、社会に対して物申すような子どもの言動をほとんど目にできないのは奇異である。いまの教育は昔より自由なようで、子どもから環境変革の声を上げさせるような教育を、知らず知らずのうちに規制しているのであろうか。

いまから85年前、大正デモクラシー時代の学校が、子どもに地域の遊び・スポーツ環境に対する意見表明させていたことを知るとき、いまの学校教育が、遊びやスポーツをとおして、子どもにもっと地域環境に目を向けさせてよいと思われてしかたがないのである。

5．学校と地域を結ぶからだづくりの実践

子どもの全面発達をめざす教育において、身体発達の課題は、教育の全体構造を支える役割と、心身の発達の一翼を担う役割とを担っている。子どもの身体に直接かかわる教科は、体育ないし保健であるが、その枠を越えて教育について考えているのが、この本の立場である。

子どもの健康阻害と体力低下が深刻化している今日、「子どものからだの現状から教育の課題を問う」課題は、ますますその重要性を増している。私は、大学院時代から40年近く、教育科学研究会（略称、教科研）の〈身体と教育〉部会の理論・実践に学んできた。ここでは改めて、そこでの学びを整理する意味で、学校と地域におけるからだづくりの実践について考えてみたい。

「からだと教育の課題」が体育・保健だけの課題でないことを、佐々木賢太郎の実践が教えてくれている。学徒出陣し、南方の戦地から帰国した佐々木が、体育教師として赴任したのは和歌山県紀南地方の貧困な農村の中学校であった。

死線を越えてきた佐々木にとって、生命を大切にする教育は大前提であり、「米や麦がないので、米をつくって、米ちやがいをたいてたべたい」という子どもに技術主義の体育が通用しないのは必然であった。佐々木は、生活綴方教育の手法を体育の授業に取り入れ、作文を書かせることを通して、子どもに自分の身体を見つめさせ、語らせた。そして、身体のゆがみの裏に隠れている生活の矛盾に気づかせ、からだづくりのために環境変革・社会変革の主張ができる主体を形成しようとした。『体育の子―生活体育をめざして』（新評論、1956年）は、そのような教育手法により、身体認識教育というべきからだづくりを実践的に示した戦後「新教育」の時期における典型的な体育実践である。

　1975年以降、岐阜県恵那地方で子どものからだづくりの教育運動が展開した。生活綴方の伝統がある地域であっても、からだについて書かせることがむずかしい時代になっていた。そのようなときに登場したのが、学校と地域が一体となった子どものからだに関する調査活動であった。夜型の生活になっている子どもの実態が明らかにされ、子どもは疲労しており、しかも精神疲労型であった。そこから、町ぐるみ、村ぐるみのからだづくり運動がはじまったのである。そのような「教育調査」運動は、恵那と同時期に兵庫県但馬においても、地域に根ざすからだづくりとして展開している（森垣修『地域に根ざす学校づくり』国土社、1979年）。

　日本体育大学学校体育研究室の「子どものからだ調査2005年」によると、小・中・高校の養護教諭は、共通して「すぐ『疲れた』という」を最近増えている「からだのおかしさ」の5位以内に挙げている。さらに、中・高校の10位以内に、心因性が疑われる「不登校」「腹・頭痛を訴える」「なんとなく保健室にくる」などを挙げている。学習指導要領は、1998（平成10）・99（同11）年の改訂以来、「心と体を一体として」とらえる体育を打ち出している。しかし、からだと心を一体とする実践は、恵那や但馬におけるからだづくりのとりくみでは、30年以上も前にすでに行われていたのである。

　体育には、軍国主義奉仕の体力づくりを担わされた歴史がある。それは、名

誉の戦死を教育する生命軽視の体力づくりでもあった。しかしそのことの「反省」から、体育におけるからだづくりの課題に消極的になるのは、国民の健康・体力要求に背を向けるのと同じである。「スポーツそのもの」の教育を体育に置き換えようとするがごときの体育論も、同じ過ちをおかす恐れがある。体育における技術主義の反省が、戦後の教育再生の時期になされた教訓を忘れてはならない。

　からだづくりの課題を、体育の授業の立場から見ると、体操・スポーツ・ダンスなどの運動の文化財および体力づくりの方法を、できる限り身体のしくみやはたらきの教育として教えることである。また、それを授業外の体育活動と地域スポーツの立場から見ると、子どもの健康を守り育てる課題と「子どもスポーツ」の健全な育成とを結びつけることである。学校と地域におけるからだづくりの教育運動には、それらを包含した子どもを身体とスポーツの主人公に育てる諸活動が視野に入っているのである。

V 子どもの〈からだと心〉と教育の課題

1．社会的存在としての子どものからだ
——今日を予見した1970年代の分析

（1）1970年代は教育学に"からだ"が位置づく時代

　子どもがやがて労働の担い手となることを考えるならば、全面発達を保障する〈からだづくり〉の"からだ"の現状を社会的な環境とのかかわりで問うことは、教育学的にきわめて重要な意味をもつ。

　小倉は、1959年に「日本の青少年の身体発育」と題する論文で、第二次世界大戦中・終戦直後の子どものからだが、1936（昭和11）年頃から1939（同14）年頃の子どもより小さかったという統計的事実から、子どもの身体発育を保障するものとして、平和があることを暗に示唆した。また、戦争は生活水準の貧困化をもたらすゆえに、子どものからだをとらえるにしても、日本経済の二重構造ぬきには語れないことを、都市と農村の子どものからだの比較を中心としながら、明らかにした。そしてその2年後、1961年に小倉は、子どもの身体発育の実態や生理的な機能の特徴など、身体的条件を教育・学習と関連づけて「子どものからだ」と題する論文を発表している。この2つの論文の間には、〈からだ

を語る〉ことから〈教育とのかかわりでからだをとらえる〉ことへの推移がうかがえる。

　正木は、この間の推移と70年代に向けての、われわれの課題について次のようにのべている。「1950年代は、教育学にとって、『身体』の自覚の年代であったとすれば、1960年代は、教育学の身体的・生理的基礎づけの作業が現実にはじめられた年代であったとみることができるだろう。……教育学者が、この領域にもっと関心を示し、しかも関連領域の諸科学者との共同研究体制をつくりあげない限り、生理学の諸大家の教育解釈論と全面的に相対していくことはできないだろうと思われる」と。

　1970年代はじめに提起した上の教育学の弱点を克服する課題は、それから約30年経過した現在でも、達成されているとはいいがたい。そればかりか、そのときに分析した子どものからだと心の問題は、そのほとんどがいまの子どもにも当てはまる。

　以下、この節の内容は、70年代に向けてという時代背景を想定して読んでいただきたい。

(2) 発育権・発達権の侵害

　国民総生産世界第2位の宣伝とは裏腹に、国民の健康問題は極めて深刻な事態に直面している。「高度経済成長政策」による歪みは、公害はいうにおよばず、交通事故、労働災害、職業病、ノイローゼなどが「健康で文化的な最低限度の生活」（日本国憲法第25条）を脅かす生存権にかかわる社会問題となっている。

　その恐ろしい健康破壊の波は、子どものからだにも容赦なく押し寄せている。胎児性水俣病、森永ミルク砒素中毒症の子ども、大気汚染によるぜんそくに悩む子ども、遊び場がないため道路上で遊んで「不慮の事故死」をする子ども、基地公害をこうむっている子どもなど……。児童福祉法第1条「すべて児童は、ひとしくその生活を保障され、愛護されなければならない」、児童憲章第1項「すべての児童は、心身ともに健やかにうまれ、育てられ、その生活を保障される」

の精神は尊重されているといえるだろうか。日本の政治の貧困さとのかかわりの中で、子どものからだや心の健康と発達を見る限り、子どもがすこやかに発育、発達する権利は侵害されているといわざるをえない。

　文都省（当時）『学校保健統計調査報告書』などによっても、子どもの身体発育の地域差や疾病状況の不均等分布などの様子は、ある程度わかるようになっている。しかし、その地域の子どものからだをそうさせている、根底にある家庭の生活水準や階層性の問題にはほとんど言及せず、数字の羅列に終始しているのが官庁統計の実情である。

　子どものからだの形態や機能のちがいはたんなる生物学的な個人差や生理学的な解釈だけで割り切れるものではない。当然、〈社会的な存在としての子どものからだ〉にも接近せざるをえないのである。

(3) 子どものからだの現状

１）公害と子どものからだ

①　公害病認定患者の子ども

　大企業本位の政治により、全国的に見れば、公害は衰える気配を見せていない。東京や周辺の工業都市などでは、光化学スモッグの襲来で、しばしば体育の授業は中止となっている。大気汚染地区の典型として、四日市市と川崎市の例を見てみよう。四日市の未成年者の公害病認定患者数335人は、大人も含めた全体（765人）の実に43.8％にあたる（1971年11月、四日市市衛生部）。川崎市の259人は、全体（685人）の37.8％である（1971年10月、川崎市衛生部）。そして、四日市、川崎とも、就学直前から11・12歳の年齢層に気管支異常の子どもの90％以上が集中している。

　日本を代表する大工業地帯の真中で、たくさんの子どもが呼吸器障害で苦しんでいるにもかかわらず、発生源の企業に対して有効な処置もあまりとられていないのが現状である。

② 鉛公害地区の子どものからだ

　鉛公害で知られている東京・新宿区柳町交差点すぐ近くの小学校に在籍する子どものうち、問題の柳町交差点周辺から通学している子どもと、他の住宅地から通学してくる子どもとを選び、早産・未熟児の割合を比較すると、6.7％と5.9％で、交差点付近の子どもにその割合がやや高い。同様の比較を小児ぜんそくにかかった有無で調べると、20.0％対1.0％であった。この大きな差は、この土地に子どもが生まれてから現在までの長い間、大気汚染にさらされていたかどうかの差からきていると推定される。

　また、その小学校の1971年度就学時健康診断において眼疾の認められた子どもは、半分以上の50.4％（504人中254人）である。この割合もかつては20％程度、それが鉛公害が注目されるようになった1970年の前年から、急に40％以上にはね上がっている。

　このように生育歴を見てくると、柳町の子どもは、生まれる以前からも、生まれてからも、大気汚染に抵抗して生きてきているといえるだろう。公害の目に見えない被害は相当前から子どものからだを痛めつけているのである。

③ 大気汚染地区における子どものクル病症状

　太陽の紫外線の照射不足によって、骨の発育に必要なビタミンDの活性化が妨げられて起こるクル病は、日本では裏日本で冬季に生まれた子どもに多いとされてきた。ところが驚いたことに、表日本の東京や大阪で、大気汚染による日光不足のためか、真夏に生まれた子どもにさえ、クル病に似た症状やクル病初期症状があることが報告されている。

　東京・大田区の糀谷保健所と昭和大学医学部小児科との共同研究は、生後3〜4か月の乳児の右腕X線検査の結果より、クル病症状とされている尺骨端の杯状変化が、それ以前の1.0％足らずの発生率から、1966年以降12.5〜13.0％と急増してきたことを明らかにしている。

　大阪の相川病院が1965年から69年にかけて行った東淀川区、吹田市、摂津市における生後5か月までの乳児（751人）の頭蓋癆（頭のうしろの骨が、卓球ボ

ールのようにへこむものでクル病の初期症状）調査によれば、保育所調査の乳児で21.1％、地域調査の乳児で16.0％、やはり相当の増加となっている。調査された1区2市は、大阪でも比較的環境汚染の少ないほうとされている地域であり、そこですらこのように高率なのである。

東京では、ちょっとした転倒やつまずき程度でも骨折をする子どもや、むし歯の子どもが増えてきているという養護教諭の経験をよく聞くが、乳幼児期からの日光不足のため骨の発育不良を起こしているのではと考えられている。公害による健康破壊は、目に見えない形で徐々に進行するだけにかえって恐ろしい。大企業の吐き出す黒い煙の害は、まさしく子どもの「骨の髄」までおよんでいるのである。

④ 公害校の子どもの体力・運動能力

横浜市教育委員会発行の『昭和46年度児童生徒スポーツテスト調査報告書』では、珍しい、公害汚染地区校（100人）とそうでない一般校（100人）の文部省（当時）・スポーツテスト成績の比較が発表されている。これによると、公害校の子どもは一般校に比して、体力診断テスト、運動能力テストのいずれの種目をとってみても劣っている。背筋力は10歳男子で、一般校71.2kg、公害校65.2kg、10歳女子で、一般校57.2kg、公害校48.6kgであった。走り幅跳びは11歳男子で、一般校3.52m、公害校3.38m、11歳女子で、一般校3.12m、公害校3.01m、という具合である。

公害校の子どもにおける体力・運動能力の低下現象は、学校体育の場におけるからだづくりの前提要件である条件整備の問題－政治的・社会的な問題であるが、を体育関係者に突きつけているように思える。

2）経済の二重構造による子どものからだの大きさの違い

同じ資本主義国の中でも類例を見ないひどさの公害を生み出している日本の大資本過保護政策は、一方では国民の生活水準の極端なアンバランス（経済の二重構造）を引き起こしている。

小倉は、先に紹介した論文「日本の青少年の身体発育」（本節1.(1)を参照）で、一般に都会の子どもの方が農村の子どもより、身長が大きいように思われているが、終戦前後から1949（昭和24）年頃にかけて農村の子どものほうが大きかった事実も挙げている。そして戦争による国民生活の貧困化の反映が子どものからだの大きさの相違となって現われたのだと論じている。当時、『厚生白書』（昭和32年度版）が、わが国経済の「『格差』あるいは『二重構造』」を指摘していた事情もあり、「いわゆる『階層差』」による身長の比較の資料も示しつつ、階層の低いところでとくに身長が低くなる傾向のあることも同時に明らかにしている。

　『子ども白書（1970年版）』には、東京の中でとくに家庭の経済水準が低いと思われる地域（足立区）の子どものからだの発育経過を調べた結果が報告されている。それによると、この地域の子どもは男女を問わず身長、体重、胸囲とも東京都の平均値を下まわっている。14歳男子の身長に至っては、東京の平均より約7cmも下まわり、かつ全国平均よりも下まわっている。またこの地域の子どもは、発育急伸期に十分発育できず、最終的には東京都の平均に大きく水をあけられ、約10年間の遅れとなっている。これらの差はすでに就学前につき、それが義務教育期間中まったく縮められず、むしろ拡大される傾向が見られるのである。

　経済の二重構造が関係していると推定される子どものからだにおける格差は、発育期における家庭の生活環境もさることながら、学齢期以前、さらには生まれる以前の親の生活環境に問題があることが予想されている。このあたりの解明は今後に待つとしても、日本経済の不均等な発展が続く限り、理屈に合致しない子どものからだの大きさの両極分解や疾病異常の不均等分布も続くのではないだろうか。

　3）子どもが子どもらしくなくなってきた――病気ではない健康異常
　このショッキングな見出しは、「芽の会」（東京の養護教諭を中心とした民間

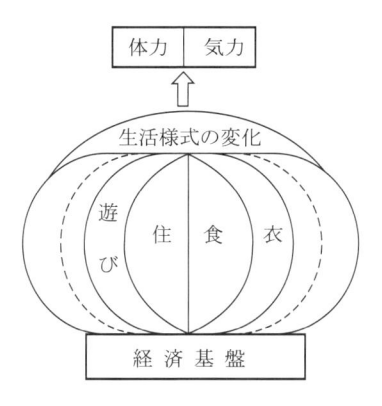

図V-1　子ども分析の関係図

教育研究団体）に結集する先生方が自分達の経験から、最近の子どもの様子を一口で表現したものである。そして、子どもの様子を分析する関係図として、図V-1が作成されている。

　化学繊維衣類による皮膚アレルギー、コーヒーや清涼飲料の飲み過ぎによる胃腸障害やむし歯、夜遅くまでテレビを見ることによる睡眠不足（これには、住居の狭さにも関係があるが）、遊び場不足のために遊びの形態が変化し運動不足になる子どもなど……、このような例は枚挙にいとまがない。

　食生活の変化と健康との関係を示す例として、図V-2を見ていただきたい。う歯罹患率と砂糖消費量のグラフの経年的推移傾向があまりに似ていることに驚かざるをえない。「高度経済成長」に伴う砂糖消費量の増加にしたがって、むし歯が増えていることは一目瞭然である。チョコレート、ガムなどの菓子類や、コーラ、ジュースなどの甘い飲料水の洪水、それに輪をかけるテレビの無責任な宣伝など、社会との関係でとらえない限り、子どものむし歯の増加ひとつ説明がつかないのである。

　手先が不器用な子どもが非常に多くなってきていることも特徴的である。靴のひもが結べない、リュックサックの口を閉めることができない、ぞうきんがし

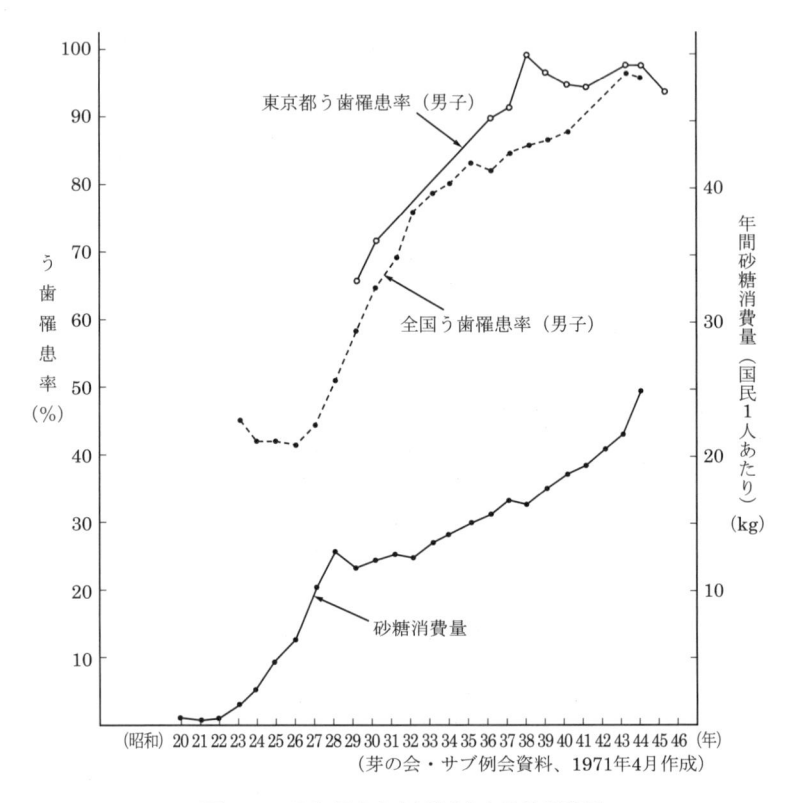

図V-2　う歯罹患率（小学生）と砂糖消費量

ぼれない、果物の皮がむけないなど……。ボタンを使わない衣類や、フタが磁石で閉まるランドセルを見れば当然のこととも思う。このように生活様式と生活用具が便利になったことは、その反面で「手の労働」ができない子どもを多くしてしまっている。

　総じて、体力・気力不足で大人のように自律神経失調症や不定愁訴を訴える子ども、たくましさがなく、何をするにも意欲のない子どもが多くなってきている。「子どもは小さな大人ではない」といわれてきた。しかしここに見た「子どもらしくないこと」に集約される子どものからだや心の不健康状態は、"現代っ

子"という言葉だけで表現できる問題ではない。

　生活水準は「上がった」という宣伝も、子どものからだや心の「貧しさ」を見るにつけ、むなしく聞こえるのである。まさしく、"病気でない健康異常"状態がふつうのことになっているといえる。

　急激な社会環境の変化に伴った子どもの典型的なからだや心の実態は、おおむね以上のようにのべることができる。原因は定かにわからずとも、これら子どもが子どもらしくなくなってきた諸現象を教育とどう結びつけるのかという、教育学への問題提起にはなりうると考えるものである。

(4) からだづくりの教育研究運動の前進を

　1966 (昭和41) 年の教育白書 (文部省〈当時〉『青少年の健康と体力』) で、最近の日本の青少年は「……体格は、一段と改善されてきたといえる。しかしながら、これに伴う体力の伸びは、必ずしも、じゅうぶんであるとはいえない」といわれて以来、上からの〈体力つくり〉のキャンペーンは氾濫の様相を呈している。

　1968 (昭和43)・69 (同44)・70 (同45) 年に改訂された学習指導要領で強調されるようになった〈体力つくり〉は、戦前の教練と同一内容の集団行動の強調や武道必修の動きと考え合わせるならば、きわめて危険な意味あいをもってくる。本当に、国の施策として国民の健康・体力や社会体育振興について考えようとするなら、公害や過密・過疎で痛めつけられている子どものからだや、子どものからだの社会的・経済的な格差、地域格差などを直視することから着手すべきであろう。

　70年代に向けて、われわれの側でいう体力づくりの意味が問われているし、全面発達を保障するからだづくりために、そのことを真に願う多くの国民とともに、教育研究運動を前進させる課題が眼前にある時期といえるだろう。

【参考文献】
小倉学「日本の青少年の身体発育」、『教育』100、1959年.
小倉学「子どものからだ」、『教育』128、1961年.
正木健雄「教育にとってからだとは何か」、『教育』246、1970年.
『公害から子どもを守る父母と教職員の研究集会・報告集』(1971年10月).
全日本民主医療機関連合会編『民医連医療』17、1970年.
芽の会理論委員会編『わたしたちの養護教諭論』、1970年.

2．新しい心身の異常の出現 ——震災後遺症

　1995年1月17日、阪神・淡路大震災は6,400人余の人命を奪い、20万戸以上の家屋を倒壊・焼失させた。そのときの恐怖体験とその後の被災地における生活は、子どものからだを変調させた。アトピー性皮膚炎、ぜんそく、じんましんなどのアレルギー症状がひどくなる子が多かった。むし歯が激増し、心因性の視力低下もあった。胃痛・頭痛、肩こり、ギックリ腰、不眠症などおよそ子どもらしくないものから、高体温と低体温、肥満と拒食症のような反対の現象が同時に起こったりもした。恐らく大気汚染などの影響、避難所における生活リズムの乱れや食事の偏り、人間関係の変化、その他の心身のストレスが複合された結果だろう。

　もう少し具体的にのべてみよう。地震後の解体ラッシュで大気中の浮遊物質の濃度が高まった。例えば、神戸市内の被災38小学校における1995年5〜8月のアスベストは、平均1ℓあたり1本、2本以上も4校あったと市民団体が報告している。ちなみにWHO（世界保健機関）の許容値は、1ℓあたり0.5本、環境庁調査値（1993年）では、商工業地域で0.17本である。アスベストとの因果関係が疑われている中皮腫死亡が騒がれているように、被災した子どもの将来のがんが心配である。

　ぜんそくの兵庫県死亡率は、1989〜2001年を追跡すると震災年・1995年以後、全国平均死亡率の1.1〜1.3倍で推移している（後藤隆雄「阪神大震災後で

のアスベスト等の粉じん飛散の影響考察」、『月刊保団連』883、2006年）。兵庫県下で震災災害救助法が適用された地域人口は400万人で県人口の約7割なので、アスベスト浮遊地におけるその数字はもっと高いと推定される。ここからも、現在においてすでに、子どもの健康が過去に経験したことのない形で侵されているのではと懸念される。

震災のあった年度の肥満率は、日比式20％以上の基準で算出すると、小学校男子9.9％、同女子7.6％、中学校男子7.4％、同女子8.7％であり、震災前の年度と比べてそれぞれ1％程度、小学校男子のみ2.4％多くなっていた（神戸市教育委員会）。

さらに震災は、子どもの身長発育にも悪影響を与えている。激震地の小学校5年生の1年間の身長の伸び率を震災の前後で比較すると、1.3cmも低下していることを、神戸市立西市民病院小児科と神戸大学第三内科の調査が明らかにしている。母親を亡くした1年生の事例だが、この子の場合、低身長の治療対象となる増加率を下回る年間2cmの増加しかなかったという。震災のストレスが成長ホルモンの分泌に影響したことが推定されている。

震災から10年以上を過ぎたいまでも、「心のケア」を要する子どもがいる。親の死や廃業に伴う生活の変化が、子どもに「二次災害」をもたらしている。からだと心は表裏一体のことも多い。震災は、今後の地球規模での環境悪化をも視野に入れた、未知の「心身症」の出現を予測させるものがある。

3．保健室から子どもの〈からだと心〉を見る
――養護教諭の教育活動と体育のかかわり

(1) 〈からだと心〉をリアルに把握する保健室

日本の学校には保健室があり、そこでは養護教諭がはたらいている。歴史的に見れば、保健室と養護教諭が子どもの疾病や異常の減少にはたしてきた役割は大きい。しかし現在では、そのことにさらに、「教室では話しにくい」「教室に

は行けない」子どもの要求に答える保健室の機能が加わっている。教室とはちがった形で、子どものからだと心、およびその背景にある生活の様子がリアルに把握できる場が、保健室である。

　1998（平成10）・99（同11）年に改訂された学習指導要領は、体育ならびに保健体育において「心と体を一体として」とらえる立場を鮮明にし、保健と体育が共通する新しい課題を生み出した。また、養護教諭が、保健の授業を担当できるようにもなった（教育職員免許法、1998年改正）。保健室と養護教諭が直面している諸課題に対して、体育の授業はいかなる貢献ができるのであろうか。養護教諭と体育教諭の接点は、体育授業の「見学」やけがに限定されるのではなく、子どもの発達と教育への関与であるべき時代である。

　以下、兵庫県南東部（いわゆる阪神間）8市と淡路島地区の公立学校養護教諭を対象にして、1999年に実施した質問紙調査（有効回答：小学校300人〈回収率71.6％〉、中学校563人〈同73.3％〉）をもとにして、体育と保健の連携推進の立場から、保健室の日常と養護教諭の活動、保健室に持ち込まれる相談の内容、「保健室登校」の実態などについて論じる。

(2) 保健室来室者の動態傾向

　1日を午前と午後に分けると、午前のほうに来室者が多いとする回答は、小学校73.7％、中学校78.7％で、残りの大部分は「どちらともいえない」であり、午後という回答はほとんどなかった。

　週変動では来室者が多い曜日に、「一定の傾向はない」が小、中学校とも約3割あったが、特定された曜日としては月曜日が最高で、小学校37.0％、中学校47.9％であった。他の曜日は、小、中学校とも10％以下の低率に分散していた。

　男女比較では、「男子のほうが多い」は小学校5.0％、中学校22.8％、「女子のほうが多い」は小学校30.3％、中学校24.0％であった。日本学校保健会の「保健室利用状況に関する調査」（1997年）は「女子の方が利用者数が多い」と報告しているが、本調査によるとその傾向は小学校のみで、中学校においては明瞭

ではなかった。「どちらともいえない」が、小、中学校とも半分以上（小学校62.7％、中学校52.9％）もあることからすると、保健室利用率の性差は歴然というわけではないだろう。

以上の保健室利用状況からすると、30年も前からいわれている「月曜病」の子どもが、現在でも少なくないことがわかる。「朝からどっと押し寄せる保健室」も、誇張ではない。子どもの心身を活性化させるためにも、朝の運動プログラムは、とくに低学年において学校の教育計画の中にもっと取り入れられてもよいと考える。

(3) 保健室来室理由

子どもが保健室に来る理由8項目（「付添い」や「委員会活動」を除く）について、回答者の勤務校におけるその頻度順を質問した。図V-3は小学校における、図V-4は中学校における1位から4位の理由である。

これによると、1位の理由の多い順は、小学校では「けが、出血のため」（図の凡例では「けが」と略す。）76.7％、「体調不良の訴え」（同じく「体調不良」と略す。）14.7％、「『なんとなく、雑談』『空き時間つぶし』」（同じく「理由不

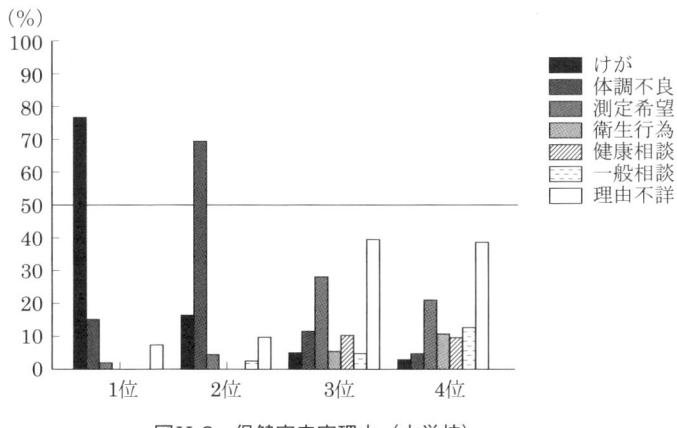

図V-3　保健室来室理由（小学校）

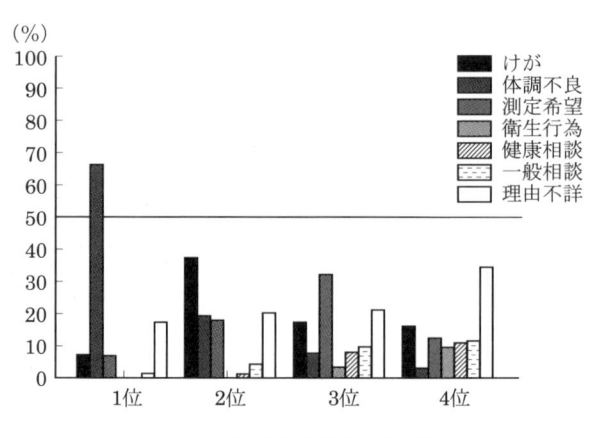

図Ｖ-4　保健室来室理由（中学校）

詳」と略す。）7.3％であり、中学校では「体調不良の訴え」66.5％、「『なんとなく、雑談』『空き時間つぶし』」17.5％、「けが」7.2％である。

　日本学校保健会による調査（1997年）が指摘した「学年が高くなるにつれ、……内科関連の理由が増加」する傾向は、この調査では来室理由１位の小学校と中学校における「けが」「体調不良」の逆転関係として表れている。いずれにしても、保健室に「けが」や「体調不良」の子どもは付き物であるが、それ以外では「なんとなく」や雑談で保健室を訪れる子どもが多いことがわかる。それら「理由不詳」の来室者は、とくに中学校では来室理由１、２位の約２割を占めている。

　３位の来室理由では、「理由不詳」はさらに増えるが、「身長・体重、体温、視力などの測定」（図の凡例では「測定希望」と略す。）をしてほしい目的で保健室を訪れる子どもが、小、中学校とも約３割になる。４位の理由においては、「手洗い、うがい、爪切りなど」（同じく「衛生行為」と略す。）も１割程度、それに加わる。すなわち「けが」「体調不良」による来室の次には、自分の身体について知りたいとか「衛生的」にしたい子どもと、教室以外で「安らぎ」をえたい子どもとが、保健室には交錯しているのである。

「なんとなく保健室に来る」子どもが増えたと、中学校の養護教諭の72％が実感している（日本体育大学学校体育研究室『子どものからだ調査2000』）。「居場所としての保健室」には、「避難所」の一面があるのは明らかだろう（ベネッセ教育研究所『居場所としての〈保健室〉アンケート調査』、1997年）。

本調査では、「発育・健康に関する相談」（図の凡例では「健康相談」と略す。）、「発育・健康以外の相談」（同じく「一般相談」と略す。）は、小、中学校とも、来室理由1、2位ではなきに等しい割合であるが、3、4位では10〜20％に増加する。このように文字どおり相談に来る子どもだけでなく、「なんとなく」に見える来室者が、形を変えた「相談」の場合もありうる。とくに発育・健康に関する願いや不安などは、体育教諭も専門性を発揮できる分野であろう。保健室には、子どもの心身の不調を示す体育的なシグナルも多いのである。

(4) 保健室における相談活動

表V-1に、その回数や具体的指導の有無に関係なく、挙げられた事柄について「保健室の活動として、この1年間に子どもから相談を受けた」経験があるかどうかを質問した結果をまとめた。

これによると、質問された17の事柄に対しては、どれに関しても中学校の養護教諭のほうが小学校より相談を受けた経験者が多い。子どもの発達段階に見合った、校種別のニーズに応える相談活動が大切なのは当然であろう。

とくに中学校で約7割以上の養護教諭が相談を受け、かつ小、中学校間で20％以上の差があった内容は、「慢性疾患」「性関係」「学習・学業」「不登校」「進路」「暴力・いじめ」「体育部活動・地域スポーツ活動」「家族・家庭関係」「友人関係」「異性関係」「漠然とした悩み」であった。その中でも、特に小、中学校間で40％以上の格差がある内容は、学業・進路、スポーツ、性・異性関係とまとめられる。高校受験を控えた中学生、思春期の中学生としての悩みが、保健室で語られていることがわかる。

日本学校保健会の調査（1997年）によれば、養護教諭が相談を必要と判断し

表Ⅴ-1　この1年間における「相談活動」の経験者

	小学校	中学校
1. 一般的な発育・相談活動	91.7%	97.0%
2. 慢性疾患	46.0	69.2
3. 過食症	3.7	10.3
4. 拒食症	8.0	30.0
5. 性関係	36.3	67.7
6. 学習・学業	44.7	83.7
7. 不登校	42.3	72.6
8. 進路	16.3	81.7
9. 暴力・いじめ	53.3	69.2
10. 文化部活動・生徒会活動	11.0	54.8
11. 体育部活動・地域スポーツ活動	24.0	73.8
12. 学習塾、習いごと等	50.3	53.2
13. 家族・家庭関係	63.3	83.7
14. 家庭内における虐待	18.0	19.4
15. 友人関係	83.3	96.2
16. 異性関係	29.3	81.0
17. 漠然とした悩み	71.7	87.1
回答人数	300人	263人

た内容の1位は、小、中学校とも「発育・健康」で相談件数の約4割、2位は「友人関係」で約1割5分である。すでに図Ⅴ-3、Ⅴ-4で示したごとく保健室への来室頻度としては「健康相談」「一般相談」は、他の理由より少ないが、相談を受けた経験者となると、ここで表Ⅴ-1が示すように「一般的な発育・健康相談活動」「友人関係」は中学校でそれぞれ97.0％、96.2％、小学校で91.7％、83.3％ときわめて高率であるばかりでなく、順位的に上記の日本学校保健会の調査結果と相応する。養護教諭が「得意」とする相談内容として興味深い。

　摂食障害の相談を受けた経験者は、小学校では過食も拒食も1割に達しないが、中学校では過食症の相談を10.3％、拒食症を30.0％が受けている。摂食障害が、中学生の間にかなり広がっていることがわかる。

　小、中学校の養護教諭間で5％以内の差しかなかったのは「学習塾、習いごと等」「家庭内における虐待」のみであった。しかし前者で約5割、後者で約2割

が相談を受けており、保健室として等閑視できる事柄ではないと考えられる。朝から保健室に来る子どもは深夜の学習疲れの可能性があるし、家庭内虐待などは外傷とのかかわりから保健室における「気づき」が早いかもしれないからである。

とくに体育の立場からは、中学校の相談活動において「体育部活動・地域スポーツ活動」73.8％が「文化部活動・生徒会活動」54.8％にくらべるとかなり多いことに関心を向けなくてはならないであろう。極端な場合、不登校には「クラブ活動、部活動等への不適応」が絡んでいる場合もある（文部省『問題行動白書』、1998年）からである。また小学校では、体育や運動会が不登校の引き金になっているケースも珍しくないのである。

文部省（当時）の委託により『保健室における相談活動の手引き』（日本学校保健会、1995年）が作成されている。それだけ保健室の活動として、「相談活動」が「定着」している証しであろう。体育・スポーツの場における指導者と子どもの人間関係もそうであれば、運動部活動が原因して不登校になるより、むしろ運動部活動が不登校解消に機能するであろう。

(5)「保健室登校」

表V-1に示したごとく、小学校42.3％、中学校72.6％の養護教諭が不登校について相談された経験がある。不登校者の55％はその初期段階で「保健室登校」をしており、20％はいずれかの時期から「保健室登校」に変化している（長野県教組養護教員部、1996年調査）。「保健室登校」は、不登校の「前ぶれ」であったり、不登校から登校に転じる兆しであったりするのである。

その「保健室登校」者であるが、過去1年間に勤務校にいたとする養護教諭は、小学校25.0％、中学校47.1％であった。「常時保健室にいるか、特定の授業には出席できても、学校にいる間は主として保健室にいる状態」と「保健室登校」を定義した日本学校保健会の調査（1997年）より、本調査では、小、中学校とも約10％少ないが、小学校で4分の1、中学校でおよそ半分の養護教諭が「保健室登校」に直面している事実を強く受け止めるべきであろう。

「保健室登校」者が過去1年間にいた学校1校あたりのその平均人数は、小学校1.87人、中学校2.35人であり、中学校のほうが多かった。日本学校保健会による過去1年平均の「保健室登校」人数は小学校1.7人、中学校2.6人であり、本調査結果と近似している。

さらに上記の「保健室登校」者がいた小学校75校を分母にしてその男女別平均人数を求めると、男子0.63人、女子1.24人、同じく中学校123校については男子0.63人、女子1.72人であった。この結果は、小、中学校とも全学年にわたり、「保健室登校」者が「女子に圧倒的に多い」（長野県教組養護教員部、1996年調査）と基本的には一致している。

「保健室登校」者の人数分布は、表Ⅴ-2のごとくであった。小、中学校ともほぼ5名までであり、1、2名あたりに集中している。養護教諭が「かかわれる生徒数は、1日に4、5人が限度」という教育現場の声は、無理からぬところと考えられる。

表Ⅴ-2 「保健室登校」の人数分布

	小学校	中学校	合　計
0 人	39.3%	27.0%	33.6%
1 人	16.0	15.6	15.8
2 人		16.7	10.7
3 人	1.3	8.0	4.4
4 人	1.0	2.3	1.6
5 人	0.3	1.5	0.9
6 人		1.1	0.5
7 人		1.1	0.4
8 人		0.8	0.2
9 人	0.3		0.2
10 人	0.3		
11 人			
12 人	0.3		0.2
無　記	35.7	25.9	31.1
回答人数	300人	263人	563人

（注）無記は、「保健室登校」者が「いない」と判断されたためと推定される。

不登校は男子のほうが多い（長野県教組養護教員部、1996年調査）が、「保健室登校」は小学校より中学校に多く、男子より女子に多い傾向が明らかとなった。思春期女子に対しては男子にもまして、保健室に居場所を求める子どもへの教育的配慮が必要とされよう。

不登校の指導には、「保健室等特別の場所に登校させて指導」したり、「本人が意欲を持って活動できる場を用意」することは効果的と報告されている（文部省〈当時〉『問題行動白書』、1998年）。例えば、保健室登校の子どもの心をスポーツ活動で開くことができるとしたら、その実践のためには体育教諭の協力は不可欠であろう。保健室に問題の子どもを囲い込むのはよくないが、学校が荒れているからといって常時施錠し、保健室から子どもを締め出す事態も好ましくないと考える。「保健室登校」解消に、保健室の養護教諭と、スポーツ指導の専門家であり生徒指導を校務分掌することが多い体育教諭とが、もっと連携できればと思う。

(6) 体育教諭と養護教諭の連携

子どもの問題行動の背景には、生活環境の変化が誘因となっているさまざまなストレスがある。ストレス解消には運動が役立つ。この単純な原理に立ち返れば、『子どものからだ調査2000』（日本体育大学学校体育研究室）が提唱する、子どものActive Living（「活発な生活」）構築のために「1日1回、熱中して汗をかくくらいの外遊びをさせよう」は支持できる。筆者の調査によれば、中学校の体育教諭は、ベテランになるほど不登校の増加を感じ取っており、都市部ほど問題行動が多くなると、生徒指導を通して把握している。

今回の調査が明らかにしているように、養護教諭の相談活動には、体育教諭の職務、体育教諭が校務分掌することが多い生徒指導係、体育教諭の専門領域であるスポーツ指導と結びつく内容が多々ある。現在は、保健室・養護教諭と体育・体育教諭とが、これまでにもまして教育実践で共同歩調をとるべき時代であろう。

【参考文献】
伊橋幸生「たかが保健室、されど保健室」、『わが子は中学生』249、1998年.
岸本肇「体育教師における生徒の問題行動認識と教育観」、『人間科学研究』7(1)、1999年.
子どものしあわせ編集部「月よう日はいつも大入り満員」、『子どものしあわせ』233、1975年.
正木健雄「発達の迷走を理解してはたらきかけを」、『子どもと教育』、1998年.
松尾裕子「担任と連携し、父母を支えながら健康・発達へのとりくみにかかわって」、『教育』641、1999年.
坂口せつ子「"甘えている""さぼっている"のか子どもたち」、『わが子は中学生』249、1998年.
白石淑江「養護教諭による気づきと保健室の対応」、『健康教室』50(8)、1999年.
太口武子「悩みや苦しみをからだに託して」、『教育』647、1999年.
田嶌誠一「スクールカウンセラーと中学生」、『こころの科学』78、1998年.

4．格差社会と子どもの健康

(1) 発育と格差

　いまの時代をさして、よく格差社会といわれる。厚生労働省の発表によると、国民の所得格差を示すとされるジニ係数（1に近いほど格差が大きい）は、0.5263（2005年）と過去最高であった。しかし格差問題は、50年も前にもあった。まだ敗戦からの経済復興過程にあった1957年に、ときの『厚生白書』（昭和32年版）が、国民生活の「格差」「二重構造」を指摘していた事実がある。その時期に、小倉は、戦中・終戦直後において、もともと都市より小さかった農村の子どもの平均身長が、都市より大きくなるという逆転現象が起こっており、それは食糧事情の差が起因しているのではないかと論じている。そしてその農村の中でも、また平均身長の差があり、下層の子どもは上中層より小さかったそうである（本章1．(3) 2) を参照）。

　身体発育と「帰属階層」との関係については、タナーの研究が有名である。イギリスにおいて上流支配階級の子弟の教育機関であったパブリック・スクールの生徒は、19世紀後半、平均身長において非労働者階級より大きく、その非労働

者階級は労働者階級より大きかったことが明らかにされている。日本では1968年に、水野が、中・高校と連続した私立有名進学校の生徒は、平均身長が一般の公立中学校生徒より大きいことを示した統計がある。そしてその背景として、出自と関係する社会経済的な何かを考えなくてはならないと解釈されている。

　たしかに体格の大小に関しては、生物学的な遺伝だけでは説明がつきにくい「世襲的」な階層差があるように見える。しかしここで取り上げようとする格差は、それとは異なり、政治によってもたらされた現在の格差社会における子どもの健康問題である。

(2) 格差社会でゆがめられる意欲

　国家財政の悪化が「構造改革」を呼び、「官から民へ」が進行した。「受益者負担」「自己責任」などの言葉に、政治の無責任を感じる。結局、家庭の経済的基盤がしっかりしていなければ、よい教育が受けにくい。低学力になった子どもは、いじめられたり、不登校になったりしやすく、学校から排除されてしまう。

　不況のあおりで、企業倒産やリストラが相次ぎ失業者が増加している。雇用形態が悪化し、フリーターにならざるをえない若者が増え、そのことが国の税収入にまで影響を及ぼしはじめている。安定した職業につけないから、結婚が遅くなり、子どもをつくらなくなり、少子化現象に拍車がかかるという悪循環に陥っている。また、家庭の経済状態の悪化が、子どもの虐待、暴力に走る子どもの増加にもつながっている。

　そういう世の中にあっても、自分の能力を生かせる「落ち着き場所」が確保できた大人、自分を認めてくれる「居場所」が見つかった子どもは、まだましである。しかし多くの場合、そうはいかない。一度屈折した人間に、あたたかい職場や学校はそう多くないからである。特に子どもにとって、「将来が見えにくい」のが現在の世相である。そのことは、希望や意欲の差となってあらわれている。

　いま全国的に、学区を大きくする公立高校入試「改革」の議論が盛んである。受験重点校をつくる動きもある。いずれにしても、一流大学をめざすトップ校と

底辺校との格差が大きくなる。それは、エリートはたくさんいらないという格差社会の特徴でもあろう。例えば、そういう高校格差がある単独選抜区の神戸などにおいては、トップ校の生徒は一流大学が見える位置にいるから、それに向かって意欲的になれる。しかしそれも親や学校が敷いた軌道上の話であり、そこから脱落する恐怖も合わせ持っている。底辺校には、その両方ともあまり関係がないから、トップ校のような意欲と恐怖がないというわけであり、「あきらめの境地」に達した生徒が多い（DCI神戸セクション『神戸子ども白書2007』）。

　そのように高校格差は、トップ校と底辺校の高校生双方を心安らかにしていないが、その前の段階では、学校選択の余地が少ない高校入試制度地域の中学生のほうが、そうでない地域より精神的・情緒的に落ち着いている。受験競争が、ゆるやかだからであろう。神戸の中学校教師において、単独選抜の制度が子どもの「精神的・情緒的安定の促進」に「よい」という回答率はわずか6.8％であるのに対し、高校格差の少ない総合選抜区の西宮では、それが64.7％であった。

　親の所得格差が教育格差を生み、そのことが子どもの生活意欲や勉学意欲にも関係するという構図である。格差社会が恐ろしいのは、「勝ち組」になれるように意欲づけるためには、競争があって当然という教育論に引きずられることである。

(3) 足立区の子どもの発育と健康

　国民総生産が世界第2位になったと喧伝された1970年代に入ると、それをもたらした「高度経済成長」政策の影の部分が国民の健康問題としても顕在化した。公害、光化学スモッグが、一挙に社会問題化した時代である。公害汚染地区の子どもにはそうでない地区より、ぜんそくが多く、体力・運動能力が低いうえに、発育低下やクル病症状の事例まであった（本章1.(3)を参照）。

　1970年版『子ども白書』が、東京の中で特に経済的水準が低い足立区の小・中学生は、身長、体重、胸囲とも東京都の平均値を下まわっていると報告した。

そのことについては、「本章1.(3) 2)」でのべたとおりである。当時、私は、東京に在住していた。その後、35年間、東京を離れていたが、2007年4月から奇しくも、その足立区に新設された大学に勤めている。

それだけの期間を経ても、いまもって足立区に貧困家庭の子どもが多いのは数字的に明らかである。2004年度の就学援助率は42.5％と、全国値12.8％とくらべてきわめて高い（『子ども白書2006』）。そのような社会的環境は、子どもの発育と健康状態に反映しているように思える。足立区の14歳（中3）の平均身長は、男子165.5cm、女子156.6cmであり、東京都の平均から男子で0.7cm、女子で0.9cm、劣っており、東京都より小さい全国平均並みである（足立区教育委員会『足立区の学校保健統計書』（平成17年度））。それに加えて気になるのが、足立区の子どもの平均身長は、小学校時代、都平均とあまり変わらないにもかかわらず、中3で男女とも都に差をつけられていることである。う歯の未処置者の割合は、小・中学生男女とも、足立区が東京23区の中で一番多い。小学生男子36.4％、小学生女子32.8％、中学生男子31.7％、中学生女子31.4％であり、それぞれ都平均から6～10ポイント高い（東京都教育委員会『東京都の学校保健統計』〈平成18年度〉）。

足立区の教育については、学力テストの不正実施問題が報じられている。机間巡視で答案の間違い箇所を指さししたり、障害児の答案を集計から除外したなどである。そこまでして自分の学校の学力テスト成績を上げようとする風潮と「学校選択の自由化」の導入は連動しており、学校間と子ども間の格差を再生産しているという。そして「問題行動をおこす子が多くなった」「保健室に来る子が多くなった」「朝、元気のない子が多い」「学力テストで子どもの心が大人への不信感となっている」などが指摘されている。東京都足立区にかぎらず、格差社会における子どもの発達と教育の問題は、数字とともに教師の"実感"も重視しながら、実態にせまるべきであろう。

(4) 子どもの健康の立場から格差社会を監視

　日本の現状を格差社会の一言でくくってしまうのには無理がある。教育学的に問題とすべき格差だけでも、大きくは国家間格差から、地域格差、学校格差、学力格差、家庭の経済格差など多々ある。親の学歴や子育て観、子どもの将来目標や達成意欲・達成度にも格差がある。私が論じた子どもの健康問題も、そういう格差社会の病理と考えられるものと、もとからあったものが増幅されたものとがある。健康に関しては目に見えるようになってからでは遅い場合が多いから、格差社会といわれる現在においては、とくに子どもの〈からだと心〉の発達権が侵されないように教育の現場から厳重な監視が必要である。

【参考文献】

橋本敏明「足立区・都・全国の三テスト体制がもたらす困難」、『教育』739、2007年.

水野忠文『青少年体力標準表』、東大出版、1968年.

土屋基規・船寄俊雄ら「高等学校の入試制度および通学区制度の社会心理的影響に関する調査研究」、『神戸大学発達科学部研究紀要』7(2)、2000年.

VI 体育教育から〈発達と教育〉の立場へ

1. 差別のない教育 —— 障害児とのふれあいから

(1) 障害児の生活と体型・運動 —— 健常児も障害児化

　1996年4月から1999年3月までの3年間、神戸大学発達科学部附属養護学校長を併任した。そのときの経験から、私にいわせると、知的障害や精神障害をもつ子どもの教育は、まさに教師と子どもの身体と身体のぶつかりあいである。その全体が、体育の授業のように思われた。したがって、体育が専門という自分の立場から、子どもたちの様子にさまざまな関心が向いた。

　まず、基本的な運動の発達についてであるが、歩行姿勢は一般によくない。高等部になっても、歩きはじめた幼児のように両腕を左右に開き、よちよちと歩く子どもがいる。手の振りと足の運びの協調に円滑性を欠くから、走っても転倒が多い。大筋的運動ばかりでなく、手先の不器用さも目立つ。小学部では「左右の手のひらを上向けに開いて、両手の指の調子を合わせて親指から順に折っていく」ができるぐらいまでで、「片手につくった拳を、もう一方の手の人差し指でさす動作を左右交互にする」「両手の人差し指と親指で輪をつくる」ぐらいになると、指を持って動かしてやっても、中学部でもできるとは限らない。おお

むね手指の分離・分節運動は苦手である。

　体型を見ると、肥満とやせが多い。そこには、たんなる食物の摂取と消費のアンバランスだけでなく、障害が絡んでいる場合もある。例えばダウン症児が肥満しやすいのは、体質的にエネルギー消費が少ないからといわれている。小人症も少なくなく、上に伸びない分、肥満しやすいようであるが、これにはホルモン分泌系の異常が考えられる。家庭における生活は、ほとんどがテレビ浸けである。中・高等部になると、CD、ラジカセなどで軽音楽を聞く者が増え、夜型の生活になりがちである。身辺処理能力はとくに小学部では低いが、それでも「食べる」「寝る」のような生きるために必要な行為能力の形成は、そうでない能力より高い。歯磨きはできなくても箸やスプーンは使えるとか、朝の寝起きは悪くてもひとりで就床できるなどである。

　しかしよく考えてみると、夜型の生活、肥満とやせ、運動のにぶさ、手先の不器用などは健常といわれている一般児にも多い。教育・保育の実践に関するバリアフリーについて身をもって学ばされた校長生活であった。

(2) 体育と生命、平等

　一心不乱を称して「馬鹿のひとつ覚え」といい、見なくても理解できることを「めくらでもわかる」という。なんの気なしに使っていたこのような言葉が、障害児とかかわるようになって以来いえなくなった。落語には障害や身体の欠陥がネタになっているという理由で、いまでは演じられなくなった噺がたくさんあるそうである。そういえば、新作落語だと思うが、学校時代に習った記憶のある「山のあなたの空遠く、幸い住むと人のいう」ではじまるカール・ブッセの詩の冒頭の一節を「山のあな、あな、あな……」と、ご本人にかつて吃音があったという落語家が言葉をつまらせながら演じて、爆笑を誘った人気のネタも最近ではまったくやられていない。恐らく同様の理由からであろう。

　小説の中でも、よく人の障害が題材となっている。私が感動をした小説の1つ、水上勉著『五番町夕霧楼』も、そうである。主人公の京都の娼婦・夕子が

恋におちいる、出身地が同じ山村からの遊学生は屈折した性格の持ち主で、遂に国宝の仏閣に放火するという大罪を犯す。話の結末は彼女の自殺という悲劇であるが、夕子が彼に思いを寄せた大きな理由は、その学生が子どもの頃から強い吃音であったということである。そのことへの哀れみの感情が恋心と重なっていたのである。

看護学校で「障害児を身ごもっているとわかったら、あなたならどうする」を授業のテーマに取り上げた私の友人がいる。阪神・淡路大震災で提起された最大の教育の課題は、生命の大切さだった。体育におけるからだづくりも、終局的には、佐々木賢太郎の『体育の子』(新評論、1956年) が示したように生命を大切にする教育に通じる。

体育で身体を動かすだけでは能がない。スポーツには闘争があり、優勝劣敗が付き物である。差別的な身体文化だと思う。しかしルールのうえでは、皆、平等である。フェアプレーの精神も大切である。体育では、生命の尊厳とともに人間の平等についてしっかりと学ばせたいものである。

2．スポーツ権の確立と学校の体育——震災からの教訓

(1) スポーツ施設の復旧は後まわし

「被災の3グラウンドが復旧、磯上公園球技場など2年半ぶり来月再開」(『神戸新聞』1997年6月6日朝刊) は、阪神・淡路大地震後における身近なスポーツ施設再開のうれしいニュースであった。しかしこれでやっと、神戸市が設置している球技場と野球場計24のうち10が、使用可能になっただけであり、同じく屋外施設であるテニスコートは、11中5がまだ使えない状態であった。1995年1月の大地震から2年半経っても、そのように神戸市内のグラウンド、コートに限ればまだ半分程度しか復旧しておらず、兵庫県南部の被災地全体で見ても公立スポーツ施設の約2割がまだ使用できなかった。仮設住宅が解消されない限り、施設再開のめどが立たない場合がほとんどであった。

市民が散歩をし、子どもが遊ぶ「住区基幹公園」(街区公園、近隣公園、地区公園)は、神戸市内に1,134あったが、そのうち被災した約400公園の修復にも、約2年かかっている。
　他方、スポーツ以外の社会教育施設では、被災した市立の10図書館と9公民館は、地震のあった1995年中にすべて再開されている。
　スポーツ施設の復旧が、他の文化施設より著しく遅れたのは明らかである。もちろん施設、建物の構造も設備もちがうので一律に比較はできないが、震災により、わが国のスポーツ政策の貧困さが、いまさらのように露呈されたのである。

(2) 意外に早いスポーツ再開

　地震直後の混乱の中からスポーツ愛好者が立ち上がるのは意外に早かった。例として、新日本体育連盟(現・新日本スポーツ連盟)兵庫県連盟に加盟しているスポーツクラブの活動記録を少し紹介したい。
　損壊をまぬがれた公営プールを利用していた尼崎の水泳サークルは、地震後11日目の1月28日には早くも活動を再開している。激震地をはずれているとはいえ、まだまわりの状況は「スポーツどころではない」時期である。野球は2月26日よりリーグ戦を、テニスは3月21日よりクラブ内でのゲームを再開している。勤労者山岳連盟は3月5日に「調査山行」を実施している。サッカー協議会は、被災地の子どもを励ますサッカー教室の第1回を2月26日に開催している(Ⅳ3.を参照)。事務所が倒壊しなかったことが幸いしたのか、2月になればスポーツ活動を組織する活動家が集まり、雰囲気は自粛ムードから「生活があればスポーツ」「スポーツをやって元気を出そう」「スポーツで震災復興」に変わっていく。
　地震後の一定期間、激震地周辺の使用可能な公立スポーツ施設では地震前からの使用予約の解約が続出した反面、その空いたところへ新規の使用申込みが殺到するという矛盾した現象が起こった。地震後すぐに営業できた会員制フィットネスクラブや公営プールでは、再開直後、混乱期にもかかわらず平生より利

用者が多かったという。

　避難所になっている学校の体育館で被災地住民や避難民のバレーボール大会が開かれたとか、その学校の生徒と避難民とがスポーツ交流をしたとかの話が聞かれたのはその頃である。震災状況下における人々の生活にうるおいをもたらした自然発生的なスポーツ活動であった。

　そのようにして愛好者のスポーツ活動は、できる場所で、またできる場所を求めて再開されていくのであるが、筆者が前述のスポーツ団体で調査したところでは、再開者数が50％を超えたのは、地震発生日から3か月後の4月であった。鉄道が相次いで全線開通し、市街地における水道・ガスの応急復旧が完了した時期である。生活の落ち着きが、スポーツ再開を加速させたのは間違いがない。

　地震後の諸困難の中でのスポーツは、人間の生活があればスポーツもあるという教訓ではあったが、意欲的なスポーツ実施者の半分が3か月以上もスポーツを休止せざるをえなかった事実は、"平和"がなければまともにスポーツができないということでもある。

(3) 国民のスポーツ権確立のために

　スポーツ再開ができても、その時点で震災前からのなじみの場所に戻れたのは40％に過ぎず、地震後1年数か月の1996年5月になっても、震災前よりスポーツ実施程度のペースダウン観をもつ人が45％もいた。もとどおりの場所とペースにならなかった理由の上位3つは、「場所の確保困難・遠隔地」59.9％、「交通不便・渋滞」22.3％、「仲間の分散」18.8％であった。震災は物理的条件の悪化はもとより、チームと試合相手の分散も、もたらしていた。そのせいで、瓦解してしまったクラブもある。神戸市西部の垂水団地スポーツ協会では、組織的回復に2年を要したそうである。同地区は激震地から少し離れているが、近隣住区の施設だけですべてのスポーツ種目がやれるわけではないので、それだけ時間がかかったのである。

　おもしろいことに、「使用料が高い」5.4％、「交通費がかかる」5.9％は、上述

した場所と仲間に関する問題の指摘よりかなり低率である。愛好者にとって、週1回程度スポーツする楽しみは、金には代えられないということであろうか。

　自由記述形式で質問された「震災行政への意見」への回答は、スポーツの場が仮設住宅の犠牲になっていることに集中していた。早い話、神戸市内のグラウンド、公園で草野球の試合ができないのは仮設住宅のせいなのである。被災者の生活を、雨露がしのげるレベルではあるが守っていた仮設住宅が、生活の一部としてスポーツをしている人から楽しみを奪っていたのは皮肉なことである。

　被災者への公的補償、仮設住宅解消の運動は、被災地・神戸から国民の"スポーツ権"を保障する運動を沸き上がらせることでもあった。

(4) 被災地における体育授業・運動部活動の教訓

　震災当時、神戸市立の小・中・高校は全部で117校あったが、地震直後の3月は約半分56校（47.9％）のグラウンドが、地割れや家を失った人のテントなどで使用できなかった。2年後、避難民がいなくなった1997年1月でも、17校（14.5％）が校舎改築などのためにグラウンドが仮設教室、資材置場に使用され、まだ体育の授業、運動部活動に支障があった。結局、すべての市立学校の体育施設が復旧するまでに、3年以上を要した。

　それらの学校では、当然、体育の授業に支障をきたした。狭い場所でも多人数でできるミニ・ゲームを工夫したり、学習指導要領の枠に限定されない新しい教材を開発したり、一斉指導によらず個人の課題を学習させたり、子どもが興味をもてる体力づくりを実践するなどは、「禍を転じて福となす」授業研究、教材研究の機会にならないわけではなかった。

　運動部活動は、学内の空いている場所で他の運動部とローテーションを組んで練習したり、被害の少ない学校との交流したり、公園・河川敷・海岸を使ったり、損壊をまぬがれた近隣の公共施設を利用してしのいだ。

　震災時の授業や部活動の経験が、現在の体育指導に役立っていると考えてい

る体育教師は、震災後約10年経った2004年の調査でも、まだ54.1%もいた（拙稿：震災10周年と体育教師、『神戸大学発達科学部研究紀要』12 (2)、2005年）。

スポーツ愛好者と体育教師の被災体験を、国民のスポーツ権確立と子どもの発達保障のために風化させてはいけないと思う。

3．地域に根ざす平和教育

(1) 体育教師論

体育教師とは、因果な仕事である。教育や保育における体育の重要性を認識しない人は少ないが、そのことを専門にしている体育教師は、同じ教師の中でも一段低く見られがちである。厳格と規律、熱心さだけが取り柄で「知性や教養」からは縁遠い体操教師（注：かつて「体育」は「体操」という教科名であった。したがって体操教師は、現在の体育教師に相当する）が、戦前に出版された藤森成吉著『ある體操教師の死』に描かれている（Ⅱ3.(1)を参照）。「汝、我を見んと要せば尊皇に生きよ。尊皇精神のある処、常に我在り」と謳った某中佐の著書を床に落とした中学生にビンタを食らわした体操教師が、戦後・新教育の時代になると、その事実すらも忘れた教師に生まれ変わり、平然としていたそうである（城山三郎『大義』）。重松清著『ビタースィート・ホーム』の中に、夫婦間の会話で、妻が教師をしていたとき、「やたらと体罰をふるう体育教師と職員会議で渡り合い、こてんぱんに論破してやった」と夫に自慢するくだりがある。

子どもを規定の型にはめ、暴力を肯定する体育教師は、小説のネタとしてはいまも昔も変わらないようである。よくない学校の傾向として、「体育（系）教師がでしゃばっている」「体罰がある」「行事主義」の三悪があると、自分の経験を語った退職教員がいる。そういうところに体育教師が登場するのは、是非とも偏見であってほしい。しかし城丸章夫が、「体育教師が民主的な人間観を把握する道は２つある。１つは、子どもを見つめて、子どもの人間的な願いを指

導の中で大切にしていく道であり、他の1つは、自己の属する社会の民主化のために、教師自身が戦うことである」(『体育教育の本質』明治図書、1960年)とのべ、中森孜郎が、体育教師の一般傾向として「知性の欠如」「体制への埋没」「管理主義的傾向」「選手養成への偏重」を挙げ、「自己変革への道」を説いた(『子どもの発達とからだの教育』青木書店、1977年)のも、小市民的で俗っぽく、小心な、どこの学校にでもいそうな教師に対する批判であってほしいと思う。しかし残念ながら、私個人も、上の小説で揶揄されているような、また城丸、中森が非難しているような体育教師の存在を頭から否定できないのが正直なところである。

その「名誉挽回」というと語弊があるかもしれないが、いまから、筆者が読書で得た材料をもとにして、教育、体育、スポーツの問題を身近に引き寄せて論じ、そして地域に根ざす平和教育について考えてみたい。

(2) 武士の倫理観と「スポーツマンシップ」「フェアプレイ」

日本人は忠臣蔵が大好きである。日本的な「武士の鑑」が物語られているからであろう。

しかしここに、また、ちがった形の武士道もある。日本とドイツは、一貫して友好国だったわけではない。第一次世界大戦では、日本は当時の同盟国イギリスの要請により、ドイツの租借地であった中国・山東半島青島(チンタオ)を攻めた。日本軍3万人、イギリス軍1,000人、計3万1,000人の日英連合軍が、5,000人のドイツ守備隊を攻撃した。1914年11月7日、ドイツ軍は多勢に無勢、奮戦むなしく投降し、4,791人は日本の捕虜となった[注]。1917年4月9日、松山、丸亀、徳島の3俘虜収容所から板東俘虜収容所(現在の鳴門市にあった)へドイツ兵捕虜約1,000名が移送されてきたときから、所長・松江豊寿中佐は彼らに対し寛容の精神で接した。その背景には、武士の情けはもちろんであるが、それにもまして薩長中心の政府や軍隊に対する無言の抵抗があったとされる(中村彰彦『二つの山河』)。江戸幕府崩壊、明治維新と辛酸をなめた徳川家の忠

臣・会津藩士の長男であった松江は、ドイツ兵捕虜に多くの自由を許した。ベートーヴェンの交響曲「第九」は、そのときに本邦初公演されたとされている。パン、ケーキづくりの新技術も入ってきた。スポーツを愛好する捕虜兵に地元民は、度肝を抜かれた（本章4.を参照）。「バルトの楽園（がくえん）」と映画化され、さらに有名になった歴史上の出来事である。

　剣豪・宮本武蔵が、試合に遅刻し、相手の平常心を乱れさせたのは佐々木小次郎との決闘だけではない。彼の常套手段であった。しかしそうかと思うと、決闘場所で先に待ち構え、武蔵は、遅く来ると油断していた相手に勝利をえたりもしている（津本陽『宮本武蔵―物事の「拍子」に勝敗がある』）。老境に入った武蔵が『五輪書』を書きはじめる直前の最後の決闘は、待ち伏せ、急襲であった（藤沢周平『二天の窟』）。このときは、相手を自宅に逗留させ、その彼の旅立ち直後をねらっている。そのような敵の裏をかく戦術は、生きるか死ぬかの真剣勝負には、作戦段階からの状況判断として必要だったのである。

　敵に情けをかけるのも情けをかけないのも、自分のやり方であり、許容できない行為とは見なされていなかった可能性がある。要するに、負けたほうが悪いだけである。当時の武士の倫理観において、スポーツ流の「スポーツマンシップ」「フェアプレイ」とはどういうものであったのか、定型化はむずかしいと思われる。

　当然、日本人には、日本の風土で培われた日本精神が宿っている。しかしそれを、特定の意図で1つにしてしまおうとする動きには、十分な警戒が必要である。例えば、大東亜戦争なる用語を持ち出す教科書や靖国神社参拝の問題が、そうである。私は、社会科の教員免許状保有者の1人として、それらの動静には注意深くならざるを得ない。

【注】日本軍、イギリス軍、ドイツ兵の人数は小説からの引用。これと異なる別の統計もある。

(3) 体育と保健の素材

　江戸時代にもジョギングを趣味とする人がいた。力石勝八郎は、福岡藩の中堅武士である。たいして金持ちというわけでもないのに、書画骨董、音曲などさまざまな道楽に手を出し、どれも長続きせず家財を使いはたしてしまう。彼の妻と当の本人から相談を受けた藩総目付十時半睡（ととき・はんすい）の助言は「何の意味もない、何の役にも立たないことを探し出してやれ」であった。そこで行き着いたのが、わけもなく走りまわっている子どもの真似であった。やってみれば、走ることにはそれなりの創意工夫があり、健康にもよい。やがて20〜30人の武士による「走る集団」が形成されたという（白石一郎『走る男』）。これを現代流に翻訳すると、ジョギングを取り入れたスポーツライフの実践ということになろうか。

　スポーツの水準は「走る男」よりかなり高くなるが、世間から見れば「勝つスポーツ」にはほど遠いと思われる進学校の甲子園出場がノンフィクション小説化されている。福田赳夫、中曽根康弘を大先輩とする群馬県立高崎高校は、1980年秋の関東大会における準優勝が評価され、翌年春のセンバツに出場した。エース川端俊介はスローカーブを得意とする小柄なピッチャーだった。きびしい練習が好きではなく「惰性で野球をやっているだけ」というような選手だった（山際淳司『スローカーブを、もう一球』）。こういう学校が、まれに強豪校に勝つから、野球はわからない。

　そのレベルを問わず、スポーツは人々に感動を与える。しかし教育として考えた場合、どこか非教育的側面をもっている。基本的には、優勝劣敗の文化である。伊集院静著『夕空晴れて』は、子どものスポーツにおいてさえも、それがあることを考えさせる。元小学校教師の母親と茂は、2人暮らしである。茂は野球選手だった亡き父の血を受け継ぎ、野球少年だった。嬉嬉として練習に出かけ、満足感に満ちて帰ってくるわが子の姿から、母親は茂が父親譲りの名選手だと信じていた。しかしあるとき、そっと見に行った試合でその期待は裏切られる。ピンチヒッターでバッターボックスに立つ出番もなかった。それでも子ども

は何かをえているとか、思いやりのある子どもに育っているというプラス評価はできる。しかし、野球チームで野球の試合もできないのは、やはり問題である。日常の練習でも差別があるとすれば、なおさら問題である。学校でも地域でも、子どもの指導者は、スポーツに限らず、自分が教えているから教育になっていると思い込まないことである。

保健の授業に役立つおもしろい話もある。戦前、1940年までは、刑務所の囚人の死亡率は一般国氏より低かった。米、麦が常人の2倍摂食されていたうえに規則正しい生活であったからだろう。ただしそれ以降の戦争中は、副食が漬物・梅干しに偏った囚人の死亡率は、一般国民より高くなった。例外は極寒の網走刑務所であった。自前の農園で収穫された野菜が食べられたからと考えられる。吉村昭著『破獄』は、4度脱獄した主人公の「不屈の精神」「体力・運動能力」以外に、そんなことを教えてくれた。

教材研究の「参考書」は、実践事例集や指導資料ばかりではない。趣味の中からでも、授業の素材を見つけ出す「心の余裕」があってもよい。1つの教材に対する「解釈」と指導法が1つだけというのでは情けないと思う。

(4) 子育て・教育論

「灰谷健次郎のマラソン」(Ⅱ3.(2)を参照)に出てくる高峰山のモデルは、ひょっとしたら神戸市西部の長田区と須磨区にまたがる高取山かと想像する。灰谷が高取山の須磨区側山麓にある小学校に勤めていたと聞いたことがあるから、そう思うだけで、たいした根拠があるわけではない。私は戦後間もなくの頃、高取山の長田区側の山麓で育った。小学校時代は、学校が終わると毎日のように山で遊んだ。「群れ遊ぶ」が多かったが、その集団同士で張りあいもした。

子どもはそのようにさせておくと、身体を丈夫かつ器用にし、社会性を養い、知的好奇心を高め、創造性を育む。この本の中でも(Ⅳ1.(2)を参照)、そのように遊びの効用を説いた。しかし、常に「遊び＝教育」ではない。森村誠一著『稚い殺意』は、企業の中級幹部の社宅における「女房族」の上下関係が、子ど

もの遊びにおける人間関係にも差別を生み出し、ある幼児の死亡事件の解明を複雑にするという筋書きであった。スポーツがそうであるように、遊びもまた、やりさえすれば教育になるわけではない。遊びやスポーツを応用した体育の授業でも、同じことがいえると思う。体育の授業場面は、いつも現実社会の縮図ということではないのである。

「子育てや教育は愛である」というような美しいことを、評論家がいう。しかし、家庭内暴力や児童虐待に見られるように、自分の子どもが可愛くない親は世の中にたくさんいる。障害をもったわが子の養育を、自分の親に押しつけ、気ままで財産のある人生を歩む女性がいた。豆腐屋の娘たねは、江戸時代の大名である伯爵家の殿様に取り入り、殿様の寵愛を受けるようになり、名前を省子と改め、瑞子を出産する。しかし成長の過程で瑞子の発達障害が明らかになってくると、殿様夫婦は省子の母を養育係として城に呼びつける。その結果、親の愛では育たなかった瑞子ではあるが、祖母の愛で美しい娘に成人する。戦後になり、血筋のほしい成金から懇請され、結婚する。その瑞子の「幸せ」も長くは続かない筋書きは別にして、養育を放棄する親の形態や子育ての愛にも、いろいろあると教えられる（宮尾登美子『水の城』）。

まわりから愛を受け、遊びながら育つ子どもも、現代の法律からすると、学校の関門は通らなければならない。そしてその学校には、必ず先生がいる。作家・黒岩重吾は珍しい「小学生浪人」を経験し、「よい影響を与えてくれた先生」と「にっくき先生」の体験をしている（黒岩重吾『春の傷』）。氏は、「最初は出身校の校名を訊かれるだけで眉をひそめていた」奈良県立宇陀中学校を卒業している。その中学校への入学は、2度までも大阪府立堺中学校の受験に失敗した果ての、父親の厳命による最後の選択だった。しかし後に古代史小説を書くようになる背景には、宇陀の地で学んだ中学校生活がある。大阪から「都落ち」してきた黒岩少年に読書指導をしてくれたのは歴史の池田先生で、池田先生がおられたから中学校を卒業できたそうである。問題は、宇陀中学校4年生のときのクラス担任である。オッシャンとあだ名されていたその担任教師は、大阪から

きた素行不良の黒岩少年を最初から色眼鏡で見ていた。したがって黒岩少年は、反作用的にオッシャンに反発していた。D大学予科を受験しようとしたとき、成績証明書の送付をオッシャンは忘れるという職務不履行をする。このことが尾を引き、黒岩氏は直木賞受賞後のクラス会にも出席しなかった。オッシャン先生と顔をあわせるのが、嫌だったからである。

　私にはそこまで憎い先生はいないが、私の座席の前後の２人が授業中に何かの連絡をしあっており、それを注意した私までそのグループの一員と見なされ、先生から怒られた中学校時代の思い出がある。私は職員室まで行って、その先生に断固抗議したが、先生はあまり詫びなかった。クラス会があれば、その一件を酒の肴にしてもよいが、その中学校２年生の卒業後の集まりは開催されたことがない。ただ私は教師のはしくれとして、「オッシャン―黒岩」関係のこじれは、まずは、双方に問題があるのではないかと考えたい。しかし『春の傷』の最後のくだり、「だが人に深い傷を負わせるには悪意や罪の意識など関係がないのだ」は、しゃべったり書いたりを職業としている人間として肝に銘じなくてはならない一言であろう。

　「教育ということが、どんなものであるかを知っていたならば、わたしは決して教師にはならなかったにちがいない」と三浦綾子はいっている（三浦綾子『道ありき〈青春編〉』。私は、三浦綾子は嫌いな作家ではないが、こういう言い種は大嫌いである。その「結論」が導き出される前段は、彼女が小学校４年生を担任していたとき、成績優秀な女の子が、家が貧しく成績もよくない同級生を遊びの輪に入れなかったことをクラス全員の前で叱責し、罰としてその子を３日間も教室の隅にすわらせたことに対する自責の念である。私は、教育実習を経験した学生が、「教育の大変さを知ったから、先生になるのをやめます」などというのを聞いたら腹立たしくなるほうである。しかし、それと同列まがいに論じるのは、きちんとその作品を読んでいない証拠であるといわれそうな気もする。「わたし自身はかなり熱心な教師のつもりであったし、生徒を深く愛しているつもりでもあった。だが、一課終るまでに必ず、国語なら、クラス全員に朗読させ

るとか、算数なら、問題のわからない子を必ず残して、放課後教えこむとかした。これは、生徒たちにとって甚だ迷惑な教師ではなかったかと思う。彼らにはただ無闇にきびしいだけの先生に思われたかもしれない」。むしろ、別の部分で三浦綾子がのべているそこのところを読み取るべきであろう。情熱だけで教師はつとまらないし、言えば言っただけ子どもでも大学生でもそのとおりになるわけがない。私自身、まだそのことに気がついていないかもしれないと思う。

(5) 戦災・震災と平和

　戦争児童文学というジャンルを設定すると、妹尾河童著『少年H』は間違いなくそこに分類される。著者同様、西神戸で育った私は、戦中・戦後の地理的描写だけでもその筋書き以上に興味をそそられる。戦争中のことは、私自身が小さかったので何も記憶がないが、下巻に書かれている戦後の「戦災者住宅」のことなどはよく覚えている。著者は、戦時下、口頭試問、「体育考査」、内申書だけの入学試験を受けて、兵庫県立第二神戸中学校に入学している。それほどに、受験学力として体育が重視された時期もあるのである。『少年H』に記載されている事柄の間違いを指摘する本が出版されている。その事実検証も含めて、この本を地元の子どもの平和教育の材料にすればよいと思う。

　1945年8月1日夜、兵庫県の宝塚から大阪へ出、国鉄で岡山、宇野を経由し、瀬戸内海を連絡船で渡り、翌朝高松からまた国鉄で鳴門まできて、撫養の浜で野営し、3日10時に淡路島阿那賀へ35トンの船で渡ろうとする100名の集団があった。満州・朝鮮・支那あたり（原文どおりの表現）からかき集められた宝塚海軍航空隊予科練少年兵、14～19歳の一群であった。その機帆船が鳴門海峡の中ほどまできたとき、偵察飛行中と見えた敵機グラマンの機銃掃射を受け、82名が戦死した（城山三郎『軍艦旗はためく丘に』）。いまなら神戸からバスで2時間とかからない場所へ、軍事上の任務を帯びて3日がかり移動していた最後の行程における少年兵の犬死であった。それも、終戦10日ほど前の出来事だった。この悲劇は、小説になっていなければ、私と同年齢層の神戸育ちでも知ら

ない人のほうが多いのではないだろうか。

　よく阪神・淡路大震災（1995年）のときの光景が、戦争を思い出させるという。その日に神戸市内のあちこちから上がっていた数条の黒煙、激震地に向かう自衛隊の工作車の列、発生した火災による焼け跡は、まさにそうであった。しかし同じ場所の写真を見くらべると、戦禍のほうがもっとひどい。野坂昭如著『火垂るの墓（ほたるのはか）』は、戦災にあった東神戸の様子がよく描写されている。阪神・淡路大震災は、多分まだ小説化されていないと思うが、関東大震災（1923年）についてはある（吉村昭『関東大震災』）。それによると、避難所として学校は100％安全ではない。関東大震災では、避難した学校のグラウンドでたくさんの人が火に巻かれて死んでいる。また、火から逃れようと川や池に入り、溺死した人も多かった。東大地震学教室の教授、助教授の相克もおもしろい。関東大震災の発生に関しては、教授から非科学的と批判された助教授の統計的予知が当たった。小説における震災記述は、研究業績の評価をめぐる大学内の「平和」問題まで勉強させてくれた。阪神・淡路大震災の研究に関して、各種の学会や研究機関でそれがあるのかないのか知る由もないが、あっても不思議ではないだろう。

(6) 地域から発掘する平和教育素材

　筆者が自分勝手な観点で構成した「読後感想文」集が少し長くなった。小説はあくまで小説であり、ノンフィクションと銘打っていても「作文」はある。むしろそれがあるから、事実をたしかめるのが勉強になると思う。それが、子どもの居住地域でできれば、地域に根ざす平和教育になる。本文中にのべた戦災、震災、予科練生の悲劇はその例になる。そのような平和教育の素材は、私が住んでいる神戸周辺ですぐに思いつくだけでも、それら以外にかなりある。

　第一次世界大戦中、次の「Ⅵ 4.」でのべるように、神戸の西北約30kmにある青野ヶ原にもドイツ兵の捕虜収容所があった。自衛隊が駐屯する現地には収容所の遺構が残存し、姫路の名古山陸軍墓地には日本抑留中に死亡したドイツ兵

捕虜3名の墓がある。神戸には、そのとき捕虜となっていたドイツ人が創業したパン、ケーキの店が複数ある。第一次世界大戦中、ドイツが地中海で展開した潜水艦による無差別商船攻撃作戦の犠牲者、真盛丸乗員4名の供養碑は、神戸市立鵯越墓園にある。

　第二次世界大戦末期、特攻隊は兵庫県からも沖縄戦線に出撃している。加古川には陸軍の飛行場、加西には海軍の飛行場があった。現在、加古川市の鶴林寺と、いまも滑走路がそのまま残る加西市鶉野の一角に特攻隊慰霊碑がある。

　火炎から水に逃れたのは関東大震災のときだけではない。第二次世界大戦末期の神戸大空襲のとき、工場地帯では人々は運河に逃れた。そのとき、遊郭ではたらいていた女性に多くの犠牲者が出ている。神戸の震災教育は、防災教育や安全教育としてばかりでなく、平和教育でもありたいと考える。

　本文中で紹介した戦争中の一般国民と刑務所における死亡率比較は、かつての中学校の保健体育の教科書には、各社とも、第二次世界大戦中と終戦直後の

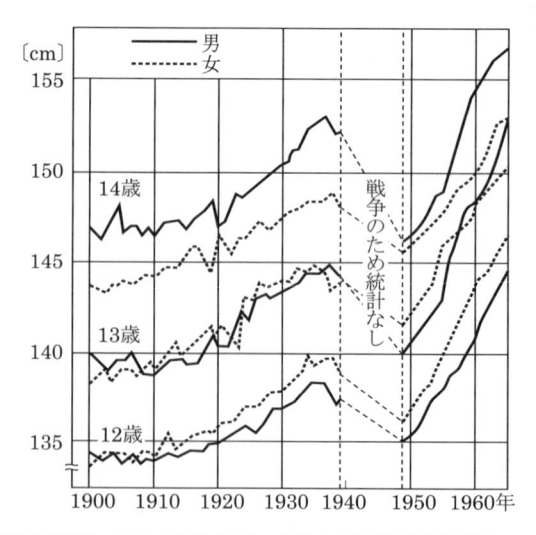

図VI-1　戦前と戦後における平均身長の変化を示す教科書掲載図——12〜14歳男女
（『新しい保健体育』（1966〜68年度使用）、東京書籍、p.88）

子どもの身長発育の低下現象を表すグラフを掲載していたことを思い出させる。図Ⅵ-1は、私が大学院時代に保健体育の非常勤講師をしていた東京の区立中学校で教えた教科書からの引用である。教科書に掲載されている例はないが、食糧事情が悪くならなかった農村地域では、戦中も終戦直後も発育低下が生じていないという地方資料がある。自分の地域において、そういう学習をさせるのは保健の授業でできることである。

　平和を声高に叫ぶだけでは、平和教育はできないと思う。地域で起こった具体的事実で、身体や生命の問題としても平和を扱いたいものである。

4．国際交流教育の展望
　——第一次世界大戦中の青野原俘虜収容所（兵庫県）ドイツ兵捕虜のスポーツ活動

(1) 強制労働のない生活と文化・スポーツ

　第一次世界大戦中、中国・山東半島の青島における日独戦争の結果、日本に送られ、各地の俘虜収容所に抑留されていたドイツ兵捕虜には、強制労働が課せられていなかった（本章3.(2)を参照）。したがって捕虜兵は、軍隊そのままの規則正しい生活を送っていたというものの、その5年有余の囚われの日々は、無聊との戦いでもあった。彼らは、スポーツ、演劇、音楽、絵画、製作、栽培、飼育、そして学習などをよくしたが、とくにスポーツ活動は、どこの収容所でも盛んであった。

　青野原俘虜収容所には、1915年9月20日から1920年1月27日まで、ドイツ兵とオーストリア・ハンガリー兵がほぼ半々、450人強が収容されていた。その前、1914年11月11日から姫路俘虜収容所にいた捕虜兵が大半であるが、青野原収容所の特徴は、日本におけるオーストリア・ハンガリー兵の8割を収容していたことである。姫路収容所・青野原収容所におけるスポーツ活動に関しては、他収容所ほど史料は多くないが、それでも当時の新聞記事、捕虜兵の日記、写

真などからかなりわかる。寺院が収容所に使用されていた姫路時代、市民は、捕虜兵の冷水摩擦、体操、散歩にはじまる一日に感心しているかと思うと、サッカーをする様子を子どもの遊びのように見たりもしていた。市民の注目の的であったようで、一時期、捕虜兵と市民とがふれないように、捕虜兵の遠足を制限せざるをえないほどであった。姫路における約1年間の後、青野原収容所に移転してから、場所が広くなり、捕虜兵のスポーツ活動は発展する。さらに抑留の長期化が、日本側の捕虜管理方針の軟化をもたらし、スポーツがより盛んになっていく。

(2) スポーツ活動の展開

　実施されていた主な種目は、体操、トゥルネン（組立て体操や器械運動など）、ウエイトリフティング、サッカー、テニス、ケーゲル（穴のないボールを転がすボウリング）、ファウストバル（拳でボールを扱うバレーボル、一度地面でバウンドしたボールを打つこともできる）、シュラークバル（野球の「ノック」の要領でボールをバットで打つ球技）、ビリヤードなどであり、体操祭、陸上競技大会、テニス大会なども開催されていた。概念的にスポーツであるかどうかは別にして、所内散歩や所外への遠足も実施されていた。テニスコート、ケーゲルのバーン、サッカーのピッチなどは自分達で整地し、用具は自己資金で購入したり、寄付を受けたりしていた。ケーゲルやビリヤードは、捕虜兵の営業活動としてやられていた。

　スポーツ種目の中には、時代が現在であればドイツ人でもあまりしないと思われるファウストバルやシュラークバルなども混じっているが、基本的には他収容所でも同じ種目が展開していた。体操クラブやテニスクラブなどの組織的活動があったことも、他収容所と同じである。ただし、他収容所ではクラブまであったホッケーが、青野原収容所ではやられた形跡がない、またレスリングがやられた形跡もない。これは本当にそうであったのか、記録がないだけなのか、不明である。

(3) スポーツの地域交流・学校交流

　兵庫県立小野中学校の同窓会誌（『校友會々報13号』、1920年）には、1919年5月22日に行われた捕虜兵と同校生徒とのサッカー交流に関する記載があり、そのときに捕虜兵は柔道見物もしたとある。1919年7月13日、大阪朝日新聞は、当日に、小野中学校対捕虜兵、姫路師範学校対捕虜兵のサッカー試合があると報じている。図Ⅵ-2は、小野中学校における柔道観戦風景であり、図Ⅵ-3は胸に"HIMEJI"とあるごとく、姫路師範学校サッカーチームと捕虜兵の集合写真であり、図Ⅵ-4はそのときのサッカーの様子である。こっけいなことに、姫路師範学校の生徒は鉢巻をしている。それらは、筆者がドイツで収集した貴重な写真である。

　地域との関係では、夏季に、捕虜兵が収容所近くの加古川の河岸へ水浴び・水泳に来ていたこともあり、そのときには近隣から見物人が集まってきたという。捕虜兵の製作品展覧会では、展示品の1つとして「テニスボール袋」が出展されており、地域のだれかがこれを購入した可能性がある。

　青野原収容所に関する「聞き取り調査」が、約20年前になる1984年に加西市教育委員会によって実施されている。当時生存しておられた山田政治さんと西村鶴一さんの捕虜兵の思い出から、学校関係と文化・スポーツ交流についての部分を以下に掲載する。

・滝野の滝を見に行ったりしていた。日本として、捕虜によい扱いをしていた。
・寄り合い所、講堂で音楽会をよくやっていた。
・芝居の稽古、バイオリンの練習、合唱をよくやっていた。
・外で展覧会。村の人に公開。
・芝居も見せてくれた。芝居の道具も近くの商人に頼んでいた。

　　　　　　　　　　　　　　　　　　　　　　　　　　　（山田政治）

図VI-2
捕虜兵の小野中学校での柔道観戦
(シュミット・H-J. 氏蔵)

図VI-3
姫路師範学校と捕虜兵のサッカーチーム
(シュミット・H-J. 氏蔵)

図VI-4
青野ヶ原におけるサッカー試合
(シュミット・H-J. 氏蔵)

・小野中学の生徒とよくフットボールをしていた。大会などをしていた。このときフットボールのボールもはじめて見た。
・チェロを弾いていた。
・大きな文化のちがいを感じた。このあたりが、他の地域とくらべて文化的に大きく発展していた感じがした。
・小野中学の生徒が、ドイツ語などの勉強にきていた。
・スポーツや音楽など、いろいろと小野中学とは交流があった。
・近くの野の池で捕虜たちが泳いでいた。近くの子どもも泳いでいた。溺れそうになった子どもを助けてくれた。

(西村鶴一)

　以上のような青野ヶ原捕虜兵のスポーツ活動の中で特筆すべきは、中学校生、師範学校生とのサッカー交流である。他では、ドイツ兵捕虜兵と地域とのサッカー交流は、似島収容所における対広島高等師範学校および対広島師範学校との試合、名古屋収容所における捕虜兵と第八高等学校・明倫中学校の混合2チームの対戦が、わかっているだけである。
　捕虜兵の扱いが人道的であったとして有名な板東俘虜収容所においてはもちろん、そうではなかったといわれる久留米俘虜所においてさえも、捕虜兵の日本滞在最後の頃は、地元の学童が勉学の一環として収容所を訪問し、捕虜兵の器械体操やスポーツ風景を参観している。学校で、捕虜兵のコンサートが開催された事例もある。青野原収容所に関するそういうことは、その時々の収容所の出来事をよく報じている新聞にも書かれていない。もっとも、専門学校生などが収容所を訪問して農業技術を学んだり、演劇やコンサートに将校や地元有力者が招待されたことは、捕虜兵の日記に書かれている。上の「聞き取り調査」によると、中学校生徒がドイツ語を習ったり、音楽の交流をしていたようでもある。青野原収容所周辺の人々が、捕虜兵が伝達するヨーロッパ文化にふれ、わが村が他地域より文化的に発展したように思ったなどというのは実におもしろい。

筆者は、長らく教員養成に携わってきた関係上、青野ヶ原捕虜兵の学校交流、子どもの教育への影響などを、もう少し知りたいと思っている。現段階では史料不足ではあるが、小・中学校の地域教育として、すでに青野原収容所について教えるとりくみが青野ヶ原を市域に含む小野市で実施されているのは喜ばしいことである。

(4) 地域に根ざす国際交流教育

　ドイツ兵捕虜のスポーツ活動は軍隊の教練と結びついていたというより、約90年も前ではあるが、その頃には、他の芸術・文化活動と同様、スポーツはすでにドイツ人の生活の一部になっていたと考えるのが適切であろう。しかし、捕虜兵の間にも「貧富」の差があり、テニスはラケットを準備できない者は、当然できなかった。スポーツは健康保持とレクリエーションに役立ち、捕虜生活への不満を和らげる効果もあるので、その適度なやらせは日本側の捕虜管理の手段としても利用された。そのようなスポーツ活動ではあっても、地元生徒とのスポーツ交流は、休戦協定（1918年11月）以後、帰国までの1年間ほどの出来事である。展覧会開催などと同様、捕虜兵の外に向かっての活動の拡大のためには平和回復が必要だった。

　しかしいくら、スポーツ活動や文化活動があったといっても、虜囚生活の限界はおのずからあった。日本側とのあつれきもあった。ノイローゼ患者も発生していた。青野原収容所の捕虜管理が「友好的」であったかどうかも、よくわからない。青野原収容所特有の問題として、ドイツ兵、オーストリア兵、ハンガリー兵が絡んだ問題も小さくなかったはずである。ドイツ兵捕虜による西洋文化の伝達、地域住民との交流を「美談」としてばかりでなく、その真実を平和の課題とともに学校や地域で次代に伝えていかなければならない。スポーツから平和と国際交流を考える生きた素材が地域にあるのである。

初 出 一 覧

　本書のもとになった論文等は、以下のとおりである。ただし、〈はじめに〉でも説明したように、それらはすべて大幅に加除訂正されて本書の一部となっており、丸写しされているわけではない。

Ⅰ　体育の任務と身体
　1．体育と教育、『児童発達研究』（神戸大学発達科学部児童発達論講座紀要）9号、53～65頁、2006年.
　2．身体的基礎能力（運動能力・健康管理）をふまえた人間形成、教育実践事典刊行委員会・編集（代表　青木　一・大橋精夫）『教育実践事典―第1巻　教育実践の論理と構造』、第3編　子どもの全面発達をめざす教育実践の全体構造、労働旬報社、296～298頁、1982年.
　3．「保健体育」の教科指導の任務、前掲書、313～315頁、1982年.

Ⅱ　体育の教材・授業づくりとからだづくり
　1．体育教材を問い直す視点―からだづくりの視点から、『体育科教育』33巻5号、20～33頁、1985年.
　2．授業で学ぶ運動とからだの科学、『体育科教育』32巻2号、28～30頁、1984年.
　3．全員参加の体育、『神戸大学発達科学部附属養護学校研究集録25号―1998年度　研究・実践　障害児教育の創造』、35～37頁、1999年.
　4．体育と教育、『児童発達研究』（神戸大学発達科学部児童発達論講座紀要）9号、53～65頁、2006年.
　5．子どもの発達と体育授業の役割、『体育科教育』40巻3号、25～27頁、1992年.
　　ドイツのスポーツ科における身体形成と健康教育、『神戸大学発達科学部研究紀要』13巻2号、139～144頁、2006年.

Ⅲ　学校教育としての運動部を考える
　1．運動部活動と子どもの地域スポーツの実態について考える―東ドイツの様子を手がかりとして、『教育』474号、74～79頁、1987年.
　2．PTA活動をとおして見た部活の現状と問題点、『わが子は中学生』172号、8～13頁、1993年.
　3．子どものスポーツと学校、地域とのかかわり、『兵庫教育』667号、8～13頁、2006年.

Ⅳ 遊び・スポーツとからだづくりの地域環境づくり
 1．からだとスポーツの主人公を育てる条件づくり、『親と子の体育教室』（どの子ものびる家庭教育シリーズ）、あゆみ出版、85～88頁、1985年．
   グアテマラ訪問記（一）、『信愛』（社会福祉法人信愛学園機関紙）339号、2000年．
 2．いま、小学生のスポーツ活動は、『子どものしあわせ』別冊18号、54～61頁、1991年．
 3．子どものサッカー教室のボランティア実践記録、震災復興と体育・スポーツ（平成9・10年度科学研究費補助金（基盤研究〈C〉〈2〉）研究成果報告書）、33～34頁、1999年．
 4．子どもが綴る関東大震災―阪神・淡路大震災10周年に寄せて、『児童発達研究』（神戸大学発達科学部児童発達論講座紀要）8号、1～7頁、2005年．
 5．身体と教育―学校と地域を結ぶからだづくりの実践、神戸大学発達科学部編集委員会『キーワード・人間と発達』、大学教育出版、92～93頁、2005年．

Ⅴ 子どもの〈からだと心〉と教育の課題
 1．日本の子どものからだの現状、『教育』272号、42～54頁、1972年．
 2．震災2周年とスポーツ・体育・子どもの健康、『体育科教育』45巻6号、70～71頁、1997年．
 3．保健室の利用動態・相談活動と体育の関わりに関する研究、『体育科教育学研究』17巻1号、23～33頁、2000年．
 4．格差と健康、『保健室』133号、3～8頁、2007年．

Ⅵ 体育教育から〈発達と教育〉の立場へ
 1．障害児との触れ合いから、『信愛』（社会福祉法人信愛学園機関紙）331号、1999年．
 2．震災復興とスポーツ振興の課題、『社会教育』502号、30～34頁、1997年．
 3．読書からの「学び」、児童発達研究（神戸大学発達科学部児童発達論講座紀要）5号、79～85頁、2002年．
 4．青野原俘虜収容所捕虜兵のスポーツ活動と生活、小野市立好古館『青野俘虜収容所の世界―小野市立好古館特別展29』、22～23頁、2005年．

あとがき

　〈はじめに〉で「あたり前のこと」を「古くて新しい気持ちで」書いたとのべたが、読者に、既成の体育書にはない新鮮さをどこかで感じ取っていただけたら、それで執筆者としては満足である。

　さて、体育教師と聞くと、よく"運動神経抜群"のように見られる。しかし、私個人に関しては、そういうことはまったくない。高校時代に、たまたまサッカーをはじめたことが、結局、体育教師になるきっかけになった。兵庫県の公立高校では指折りの進学校だったが、サッカーに熱中し過ぎて学力低下をきたし、現役で入れそうな国立大学は教員養成学部ぐらいになってしまっていた。大学でもサッカーを続けたが、プレーヤーとしては凡庸で、総合大学の中で教員志望の教育学部学生としての意地を見せただけだった。やはり、勉強しなかった。大学4年のとき、兵庫県立高校の保健体育の教員採用試験に合格したが、その後、不勉強の罪滅ぼしに、東京に出て、大学院にいく決心をした。私が、体育の研究者になった経緯は、ざっと以上のごとくである。

　博士課程を単位修得退学した後、日本体育大学に1年半勤めたが、その後33年間は母校の神戸大学一途である。人が何といおうと、教育学部で3・4年次生を相手に教員養成の仕事をしているのが職務上の誇りだった。その教育学部が1992年10月に改組され、発達科学部になり、教養部で1・2年次生の必修体育を担当していた多数の教官といっしょの学部になり、現在に至っている。教育学部の消滅は悲しかったが、新しくできた発達科学部においても、不十分ながら教員養成の仕事と教科教育関係科目を中心的に担当できたことがせめての生きがいだった。

　体育学の研究・教育をしてよかったのは、いろいろな分野の勉強ができたこ

とである。「雑学」でも生きてこれたから、このような内容の本が書けたと思っている。週1、2回は実技を中心にした授業があり、これが自分の体力をたしかめ、適度の運動をする場にもなった。おかげで、いまでも趣味的にサッカーができる体力と気力を保持している。

　教師という仕事も、自分の性分に合っていた。人に人の道を説いたわけであるから、自らの人格にも磨きがかかっていなければならないのだが、そのほうには、残念ながら自信がない。教師を長くやってきたにしては、自分の考えや気持ちを人に正確に伝えるのが下手な気もする。研究においても教育においても、大学教師としての職務においても、あるいはサッカー生活においても、ああすればよかった、こうあればよかったと思うことは多々ある。大学以外の教育現場に出ていたら、どんな自分になっていたのだろうかと、ふっと思うときもある。

　しかしとにかく、2007年3月、神戸大学の定年で私の研究生活は一区切りとなる。研究者に育てていただいた諸先生、研究・教育の仲間だった同僚、実践研究の場であった学外の教育研究会やスポーツ団体の皆さんに、この機会に、改めて心からお礼を申し上げるものである。

2006年8月

著　者

■著者略歴

岸本　肇（きしもと・はじめ）

1944年　神戸市に生まれる
1966年　神戸大学教育学部卒業
1972年　東京大学大学院教育学研究科博士課程
　　　　単位修得退学
主な職歴　日本体育大学講師（専任）、神戸大学教育学部助教授、
　　　　　神戸大学発達科学部教授
現　在　東京未来大学こども心理学部教授

主な著書
『からだをみつめる』（共著、大修館書店、1981年）
『からだづくりと体育』（青木書店、1984年）
『子どもが主役の体育・スポーツ―体育科教育改革の展望―』
　（あずみの書房、1990年）
『ゲームで覚えるサッカー』（訳著、あゆみ出版、1993年）
『野外活動・遊び・ゲームアイデア集―手づくり遊びと体験
　シリーズ』（全10巻、監修、明治図書、1997年）
『世界の子どもの遊び事典』（共編著、明治図書、2000年）

体育の教育力
―学校と地域で子どもをたくましく育てる教育論―

2006年 9月11日　初版第1刷発行
2008年 9月19日　初版第2刷発行
2010年10月30日　初版第3刷発行

■著　　者――岸本　肇
■発　行　者――佐藤　守
■発　行　所――株式会社 大学教育出版
　　　　　　　〒700-0953　岡山市西市855-4
　　　　　　　電話（086）244-1268（代）　FAX（086）246-0294
■印刷製本――サンコー印刷（株）
■装　　丁――原　美穂

Ⓒ Hajime Kishimoto 2006, Printed in Japan
検印省略　　落丁・乱丁本はお取り替えいたします。
無断で本書の一部または全部を複写・複製することは禁じられています。

ISBN978-4-88730-706-3

関係論に立つ小学校体育の授業づくり
―豊かにかかわりあいながら、運動する喜びを味わうことのできる体育学習をめざして―

鈴木直樹　著
ISBN978-4-88730-824-4
定価 2,520 円（税込）
教師や子ども・教材・場などが関わり合い、学び・創造するための視点を提示。

体育の学びを豊かにする「新しい学習評価」の考え方
―学習評価としてのコミュニケーション―

鈴木直樹　著
ISBN978-4-88730-823-7
定価 2,100 円（税込）
教育性が高く、よりよいこれからの評価の実践の手がかりを示す。

健康・福祉と運動の科学

徳永幹雄／山崎先也　編著
ISBN978-4-88730-855-8
定価 2,520 円（税込）
健康や福祉を学ぶ人や指導者を対象にスポーツ科学・運動生理学等を解説。

検証「共通1次・センター試験」

中井　仁／伊藤　卓　編著
ISBN978-4-88730-825-1
定価 2,310 円（税込）
教育問題の本質を明らかにし、教育改革のあるべき姿を提示。

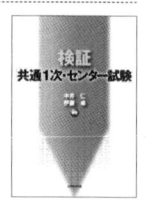